# Wann fängt Weihnachten an?

Die schönsten Advents- und Weihnachtstexte
von Rolf Krenzer

mit Bildern von Ines Rarisch

Lahn-Verlag, Limburg – Kevelaer

**Bibliografische Information Der Deutschen Bibliothek**

Die Deutsche Bibliothek verzeichnet diese Publikation in
der Deutschen Nationalbibliografie; detaillierte bibliografische
Daten sind im Internet über http://dnb.ddb.de abrufbar.

© 2003 Lahn-Verlag, Limburg – Kevelaer
Lektorat: Verlagsservice Anne Voorhoeve, Selters
Umschlaggestaltung: Christoph Kemkes, Geldern
Satz: Schröder Media, Dernbach
Druck und Bindung: Leo Paper Products, Hongkong
Printed in China
Abdruck, auch auszugsweise, nur mit Genehmigung des Verlages.

ISBN 3-7840-3315-6

# Wann fängt Weihnachten an?

Wenn der Schwache
dem Starken die Schwäche vergibt,
wenn der Starke
die Kräfte des Schwachen liebt,
wenn der Habewas
mit dem Habenichts teilt,
wenn der Laute
bei dem Stummen verweilt
und begreift,
was der Stumme ihm sagen will,
wenn das Leise laut wird
und das Laute still,
wenn das Bedeutungsvolle
bedeutungslos,
das scheinbar Unwichtige
wichtig und groß,
wenn mitten im Dunkel
ein winziges Licht
Geborgenheit, helles Leben verspricht,
und du zögerst nicht,
sondern gehst darauf zu,
dann,
ja, dann fängt Weihnachten an.

# Willkommen, lieber Nikolaus

Willkommen, lieber Nikolaus!
Wir warten so auf dich!
Und kommst du heut zu uns nach Haus,
dann freut ein jeder sich.

Wir warten schon so lange
jetzt in der Weihnachtszeit.
Wo bleibst du nur? Wo bleibst du nur?
Ist denn der Weg so weit?

Es steht der große Sessel
schon längst für dich bereit.
Und klopfst du endlich an die Tür,
dann ist es bald so weit.

Wir übten viele Lieder,
die singen wir im Chor,
wenn du zu uns herein jetzt kommst,
dir alle gerne vor.

Wir sagen dir »Willkommen!«
und streicheln leicht und zart,
wenn du es uns vielleicht erlaubst,
dir deinen weißen Bart.

Wenn dir dein Sack zu schwer ist,
dann raten alle dir:
Was du zu viel zu tragen hast,
das lass doch einfach hier!

Und musst du wieder gehen,
dann bitten wir dich sehr:
Komm ganz bestimmt
im nächsten Jahr
zu uns hier wieder her!

# Warte es doch ab

Am 4. Dezember ist Barbaratag. Da hat die kleine Nicole mit ihrer Mutter den Opa besucht. Der Opa ist mit Nicole in den Garten gegangen und hat ein paar Zweige vom Birnbaum abgeschnitten.

»Was willst du denn damit?«, hat Nicole gefragt.

»Warte es nur ab!«, hat der Opa gelacht und die Zweige in eine Vase mit Wasser gestellt.

»Das sind ja keine Blumen!«, hat Nicole gesagt. »Die blühen ja gar nicht!«

»Warte es nur ab!«, hat der Opa geantwortet.

Da hat Nicole den Opa mit großen Augen angesehen. »Blühen sie bald?«, hat sie dann gefragt.

»Warte es nur ab!«, hat der Opa geantwortet und ein bisschen mit dem linken Auge gezwinkert.

Dann ist Nicole wieder mit ihrer Mutter heimgefahren. Aber am Sonntag, als der Opa zum Kaffeetrinken gekommen ist, hat Nicole ihn gleich gefragt: »Blühen sie schon?«

»Wer?«, hat der Opa gefragt.

»Deine kahlen Zweige!«

»Warte es nur ab!«, hat der Opa gesagt und wieder ein bisschen gezwinkert.

Am Dienstag hat Nicole mit dem Opa telefoniert. »Blühen sie jetzt?«, hat sie ihn wieder gefragt.

»Warte es nur ab!«, hat der Opa nur geantwortet.

Als Nicole zum nächsten Mal mit ihrer Mutter beim Opa war, standen die Zweige immer noch in der Vase.

Geblüht haben sie aber nicht. »Warte es nur ab!«, hat der Opa wieder gesagt und Nicole zugezwinkert.

Am Weihnachtsabend hat der Opa Nicole und ihre Mutter mit dem Auto zu Hause abgeholt. Sie wollen bei Opa Weihnachten feiern.

»Und die Zweige?«, fragt Nicole.

»Welche Zweige?« Der Opa tut wieder so, als ob er nicht wüsste, wovon Nicole spricht.

»Blühen sie?«, fragt Nicole ganz aufgeregt.

»Warte es nur ab!«, antwortet Opa und lacht.

»Es ist doch jetzt Weihnachten!«, ruft Nicole.

»Warte es doch ab!«, sagt Opa noch einmal. Und in seinen Augen blitzt es. Er lacht Nicole an. »Wir sind doch gleich da!«

»Sie blühen! Sie blühen!«, schreit Nicole, als sie endlich aussteigen darf. Und dann stürmt sie durch Opas Garten zur Haustür.

# So einfach ist das!

Annika wohnte mit ihrer Mutti im fünften Stock des Hochhauses. Seit sie heute Nachmittag aus dem Kindergarten zurückgekommen war, stand Annika auf dem Hocker am Fenster, schaute hinaus und wartete. Mutti hatte ihr ein Tellerchen mit geschälten Kohlrabi- und Möhrenstücken auf die Fensterbank gestellt. Keine Plätzchen.

Die würde der Nikolaus sicher nachher für Annika in seinem Sack haben.

»Er kommt immer noch nicht!«, seufzte Annika, als Mutti sich zu ihr stellte und mit hinaussah.

»Es dauert noch ein bisschen!« Mutti lachte. »Sieh mal, was auf der Straße noch alles los ist! Das ganze Jahr über wohnt er tief im Wald. Da ist er so viele Autos nicht gewohnt und muss sehr aufpassen, wenn er über die Straße will!«

»Wie ich!« Annika nickte.

Dann deutete sie plötzlich nach unten. »Da ist er!«, jubelte sie. Wirklich! Von hier oben war der Nikolaus auf der gegenüberliegenden Straßenseite deutlich zu erkennen. Er war aus einem Geschäft gekommen und ging nun mit schnellen Schritten davon.

»Er geht in die falsche Richtung!«, sagte Mutti.

»Er sucht nur nach einem Zebrasteifen.« Da war sich Annika ganz sicher. »Dann kommt er auf der anderen Straßenseite wieder zurück!«

»Hm!«, sagte Mutti ein bisschen zweifelnd. »Jetzt ist er schon fort!«

»Aber Mutti!« Annika wollte einfach nicht glauben, wie dumm Erwachsene manchmal daherredeten, selbst wenn sie Muttis waren. »Du kannst ihn nicht mehr sehen, weil er jetzt auf unserer Straßenseite ist und zu uns zurückkommt!«

»Wo hat er denn die Straße überquert?«, wollte Mutti wissen. »Von hier aus kann man weder die Fußgängerampel noch den Zebrastreifen sehen!«

»Vielleicht ist er geflogen!«, antwortete Annika und zweifelte keinen Augenblick daran.

»Der Nikolaus?« Mutti wollte es nicht glauben. »Ich habe noch nie einen Nikolaus fliegen sehen!«

»Nikoläuse können das!« Annika drückte ihre Nase fest an die Scheibe, um vielleicht doch unter dem Fenster den Gehsteig zu erkennen. »Und dann hat er ja auch noch den Schlitten mit den Rentieren!«

»Ist das nicht der Weihnachtsmann?«, fragte Mutti zweifelnd.

»Dann eben den Esel mit dem Schlitten!«

Mutti hatte weder Esel noch Rentiere gesehen. Und einen Schlitten auch nicht.

Da stieg Annika von dem Hocker herunter. »Jetzt müssen wir nur noch warten!«, sagte sie und steckte das letzte Stück Kohlrabi in den Mund. »Gleich klingelt es, und dann steht der Nikolaus vor der Tür!«

»Du hast eine blühende Fantasie!«, sagte Mutti und strich Annika übers Haar. Dann zuckte sie aber vor Schreck zusammen, als es jetzt wirklich läutete.

»Das ist er!«, rief Annika glücklich.

»Grüß Gott!«, sagte der Nikolaus. »Bin ich hier richtig bei der Annika Wieberg und ihrer Mutter?«

»Komm herein, Nikolaus!«, sagte Mutti. »Wie bist du so schnell zu uns gekommen?«

»Mit meinem Esel und dem Schlitten!«, lachte der Nikolaus und nahm seinen schweren Sack vom Rücken.

»Es liegt doch gar kein Schnee!«

Wieder wunderte sich Annika über ihre Mutter. Warum konnte sie einfach nicht glauben, was der Nikolaus sagte?

»Ich kam auf den Wolken durch die Luft!«, lachte der Nikolaus. »So einfach ist das!«

»Genau!«, freute sich Annika und stellte sich erwartungsvoll ganz dicht vor den Nikolaus.

So dicht, dass sie fast auf seinen Stiefeln stand.

»Na, dann greife einmal in den Sack hinein!«, sagte er freundlich.

Als er dann später wieder ging, standen Mutti und Annika im Treppenhaus und winkten, solange sie ihn sehen konnten. »Wo hast du denn deinen Esel und den Schlitten?«, rief ihm Annika noch nach, als er bereits zwei Stockwerke unter ihnen war.

»Vor eurem Haus!«, rief er zurück. »Was dachtest du denn?«

»Was dachtest du denn?«, fragte Annika Mutti, als sie zurück ins Wohnzimmer gingen. Mutti antwortete nicht. Sie ging zum Fenster und blickte so weit sie konnte nach oben. Es war dunkel geworden. Und der Himmel war voller Sterne. Kalt würde es heute Nacht werden. Am Himmel war keine einzige Wolke zu sehen.

»Siehst du den Nikolaus?«, fragte Annika, als sie wieder neben Mutti auf den Hocker kletterte.

»Er ist schon fort!«, antwortete Mutti und legte ihren Arm um Annika.

# Uwe spielt Nikolaus

Einmal fand Uwe eine Nikolausmaske im Kleiderschrank seiner Eltern. Und weil bald Weihnachten war, nahm sich Uwe vor, einmal selbst Nikolaus zu spielen. An diesem Abend sollte es schon sein. Uwe konnte kaum erwarten, dass es draußen dunkel wurde und dass seine Eltern und Lilo und Pedro zu Hause waren. Na, denen wollte er es zeigen! Richtige Angst sollten sie vor ihm bekommen!

Beim Abendessen beeilte sich Uwe sehr. Dann sagte er: »Ich muss mal!« Und blitzschnell war er aus der Tür gehuscht. Er rannte zum Kleiderschrank und öffnete die Tür.

Zuerst holte er den dicken Pelzmantel heraus, der seiner Mutter gehörte. Er zog ihn sogleich an und suchte dann nach Vaters Winterstiefeln. Natürlich brauchte er auch Vaters dicke Wollhandschuhe. Als er alles angezogen hatte, holte er ganz vorsichtig die Nikolausmaske aus dem Schrank und setzte sie sich vor sein Gesicht. Dann stülpte er noch Pedros rote Pudelmütze darüber. So, jetzt werden sie wohl Angst vor mir haben!, dachte Uwe.

Er wollte sich aber zuerst doch noch lieber überzeugen, wie er wirklich aussah. Deshalb klappte er die andere Tür des Kleiderschrankes auf, an der sich der große Spiegel befand. Kaum aber sah er in den Spiegel, da erschrak er ganz fürchterlich. Da stand doch vor ihm der richtige Nikolaus und blickte ihn böse an.

»Mutti! Mutti!«, schrie Uwe und begann vor Angst zu schwitzen. Er plärrte so laut und durchdringend, dass alle aus der Küche herbeigelaufen kamen: der Vater, die Mutter, Lilo und Pedro.

»Der Nikolaus ist da!«, jammerte Uwe. »Und ich habe solche Angst!«

Da fing zuerst der Vater an zu lachen, und dann die Mutter. Und Pedro und Lilo lachten am lautesten. »Bestimmt wollte er uns erschrecken!«, lachte Lilo. »Und dann hat er vor sich selber Angst bekommen!«

Die Mutter aber zog Uwe die Pudelmütze ab und die Maske vom Gesicht. Und da gab es plötzlich im Spiegel keinen Nikolaus mehr. Nur noch Uwe. Und er hatte Mutters Pelzmantel an und Vaters Stiefel und Handschuhe. Und dieser Uwe musste jetzt auch lachen. Und er lachte noch lauter als Lilo und Pedro.

# Wo wohnt der Nikolaus?

Ich hab eine Reise nach Grönland gebucht
und habe den Nikolaus dort gesucht.
Habe gesucht so viele Stunden
und habe ihn leider nicht gefunden.

Ich flog über Eisberge und über Seen.
Ich hab mich bemüht, ihn doch zu erspäh'n.
Die tiefsten Höhlen tat ich erkunden.
Doch hab ich ihn leider auch hier nicht gefunden.

Am Nordpol dann konnt' ich fragen und fragen,
es konnte mir keiner etwas sagen.
Ich flog mit dem Hubschrauber viele Runden
und habe den Nikolaus nicht gefunden.

Bin bald darauf, das ist nicht gelogen,
noch bis Alaska weitergezogen.
Dort bin ich leider fast selbst verschwunden
und habe ihn trotzdem auch dort nicht gefunden.

Dann komm ich nach Hause ziemlich spät.
Was glaubt ihr, wer vor meiner Haustür steht
und sagt: »Ich dacht' schon, du wärst nicht zu Haus!«
Kein anderer war's als der Nikolaus!

Jetzt frage ich euch, bitte lacht mich nicht aus:
Wo wohnt er nun wirklich, der Nikolaus?

# Die Märchenbahn

Wenn die anderen Kinder mit ihren Vätern angeben, dann sagt Beat: »Mein Vater ist Straßenbahnführer. Aber ein besonderer!« Und dabei lächelt er ganz geheimnisvoll. Wenn die anderen dann weiterfragen, dann verrät Beat nichts. Nein, kein Sterbenswörtchen. In den Adventswochen vor Weihnachten fährt nämlich eine Märchenbahn mit vielen Kindern Tag für Tag durch die Stadt. Die Märchenbahn ist eine rote Straßenbahn, auf der viele bunte Märchenbilder aufgemalt sind. Und wenn sie anhält, dann steigen zwei schöne kleine Engel aus und laden die Kinder ein, zwanzig Minuten lang mit der Märchenbahn durch die Stadt zu fahren.

Vorn im Führerstand steht der Nikolaus und fährt die Bahn sicher durch die Straßen. In der Märchenbahn aber sitzen die Kinder und singen und sind so richtig von ganzem Herzen froh. Und manch einer träumt in dieser Nacht von dem Nikolaus mit dem weißen Bart und dem roten Mantel, der die Märchenbahn fährt.

Beats Vater ist Straßenbahnführer. Aber im Advent verkleidet er sich als Nikolaus und fährt die Märchenbahn durch die Stadt. Das ist ein Geheimnis, das Beat keinem verraten darf.

Manchmal fährt auch Beat mit. Aber nicht oft. Sein Vater will nicht, dass er den anderen Kindern vorgezogen wird. »Das fällt auf, wenn immer derselbe Junge mitfährt!«, sagt sein Vater. »Dann ärgern sich die anderen Kinder, die nur einmal fahren dürfen!«

Da flüstert Beat seiner Mutter etwas ins Ohr. Und auf einmal müssen beide lachen.

Am nächsten Nachmittag, als der Nikolaus in die Märchenbahn steigt, kommt ein kleiner Nikolaus hinter ihm her, ein kleiner Nikolaus mit einem roten Mantel und einer roten Kapuze und einem langen weißen Bart. Ein richtiger Nikolaus, nur eben kleiner als Vater. »Ich komme mit!«, sagt der kleine Nikolaus, und seine Stimme klingt wie die von Beat.

Aber Helen, Beats kleine Schwester, ist sehr traurig. Und als die beiden Nikoläuse mit der Märchenbahn davonfahren, da flüstert die Mutter ganz heimlich mit Helen.

Am nächsten Nachmittag, als der große Nikolaus in die Märchenbahn steigt, kommen zwei kleine Nikoläuse hinter ihm her. »Wir kommen mit!«, sagen die kleinen Nikoläuse. Und ihre Stimmen klingen so wie die von Beat und Helen.

Der Beat hat einen guten Freund, das ist der Tobias. Und der Tobias ist noch niemals mit der Märchenbahn gefahren. Immer waren die anderen Kinder schneller.

Da ist er traurig davongegangen. Aber jetzt soll der Tobias auch mit der Märchenbahn fahren. Nicht nur einmal, sondern jeden Nachmittag, so lange er nur will. Das hat sich Beat ausgedacht. Und seine Mutter hat gelacht und genickt.

Am nächsten Nachmittag, als der große Nikolaus in die Märchenbahn steigt, kommen drei kleine Niko-läuse hinter ihm her. »Wir kommen mit!«, sagen die kleinen Nikoläuse. Und ihre Stimmen klingen so wie die von Beat und Helen und von Tobias.

Helen spielt oft mit dem Evchen. Das Evchen ist schon ziemlich alt, fast zwei Jahre älter als Helen. Das Evchen wohnt in der Wohnung über Helen, und das Evchen glaubt nur noch manchmal an den Nikolaus. Aber mit der Märchenbahn möchte das Evchen auch fahren. Da bettelt Helen so lange, bis die Mutter doch noch einmal nickt.

Am nächsten Nachmittag, als der große Nikolaus in die Märchenbahn steigt, kommen vier kleine Nikoläuse hinter ihm her. »Wir kommen mit!«, sagen die kleinen Nikoläuse. Und ihre Stimmen klingen so wie die von Beat und Helen und von Tobias. Und Evchens Stimme ist auch noch dabei.

»Jetzt reicht es aber!«, brummt der große Nikolaus. Und die Leute, die den großen Nikolaus mit den vier kleinen Nikoläusen vorn am Führerstand der Märchenbahn stehen sehen, wundern sich nur und schütteln den Kopf.

Am nächsten Nachmittag stehen fünf kleine Nikoläuse da und sagen: »Wir kommen mit!« Und ihre Stimmen klingen so wie die von Beat und Helen und von Tobias und Evchen. Der fünfte Nikolaus aber sagt gar nichts. Er sitzt in einem Rollstuhl und wird von den anderen geschoben.

»Das ist die kleine Schwester von Tobias!«, sagen die vier kleinen Nikoläuse. »Das ist die Nadine! Und sie ist noch nie im Leben mit der Märchenbahn gefahren!«

»Heute Abend reden wir ein Wörtchen miteinander«, sagt der große Nikolaus ganz ernst und hilft, den Rollstuhl mit dem fünften kleinen Nikolaus in die Märchenbahn zu heben.

Und ein kleiner Nikolaus mit der Stimme von Beat sagt ganz erschrocken: »Auweia!«

Am Abend spricht der Vater mit Beat und Helen und mit der Mutter. »So viele Nikoläuse können nicht mit der Märchenbahn fahren. Sie ist nur für die Kinder!«

»Wir sind doch die Kinder«, sagt Beat leise.

»Aber wenn so viele kleine Nikoläuse mitfahren, ist kein Platz mehr für die anderen«, antwortet Papa. »Und das ist nicht gerecht!«

Ja, das sehen alle ein. Beat, die Mutter und Helen.

»Aber Gunnar und Manuela möchten auch gern mitfahren!«, sagt Helen. »Und Stefanie und Andrea auch noch! Wenigstens ein einziges Mal!«

Und Beat möchte so gern einmal seine ganze Klasse einladen. Einmal im Leben.

»Gut!«, sagt Vater schließlich. »Nächsten Montag um sieben, wenn sonst keine Kinder mehr fahren, dann dürfen nur kleine Nikoläuse mit der Märchenbahn fahren. Zwei Mal zwanzig Minuten lang. Aber nur nächsten Montag und dann nicht mehr!«

»In Ordnung«, sagen Beat und Helen. Und sie freuen sich schon auf Montag um sieben.

Glaubt es oder glaubt es nicht: Am Montag zwischen sieben Uhr und zwanzig vor acht fährt die Märchenbahn noch zwei Mal durch die Stadt. Wer genau hinschaut, entdeckt, dass siebenunddreißig kleine Nikoläuse mitfahren, dazu neun wunderschöne kleine Engel in weißen Kleidern und mit Sternenkronen im Haar. Und vorn im Führerstand steht der große Nikolaus und lenkt die Bahn sicher durch die Stadt. Nur am Montagabend, und dann nie wieder.

Wer es nicht glaubt, kann morgen oder übermorgen den großen Nikolaus vorn im Führerstand einmal danach fragen. Vielleicht auch Beat und Helen und all die anderen Kinder, die sicher dabei waren.

Aber die verraten nichts!

# Weihnachts- geschenke

Die letzte Woche vor Weihnachten war angebrochen, und jeder steckte mitten in den Vorbereitungen für den Heiligen Abend. Mutter saß an der Nähmaschine und schneiderte etwas, was noch keiner erkennen konnte. Vielleicht einen Rock für Susi oder eine Bluse für Barbara, vielleicht aber auch ein Hemd für den kleinen Tommy, der seit Herbst den Kindergarten besucht.

Barbara strickte ohne Pause, weil der Pullover für Vater unbedingt fertig werden sollte. Und Vater war recht gewichtig, sodass viele Maschen gestrickt werden mussten. Susi bemalte Spanschachteln mit bunten Mustern. Sie hatte sich an dem kleinen Ecktisch verbarrikadiert und dicke Bücher um sich herum aufgestellt, sodass niemand Einblick in ihre Arbeit nehmen konnte. Es sollte ja eine Überraschung werden.

»Jetzt ist mein Bild für Papa fertig!«, sagte plötzlich der kleine Tommy mit einem tiefen Seufzer und kletterte von dem Stuhl herunter, mit dessen Hilfe er eifrig am Küchentisch gemalt hatte.

»Ich habe den Papa gemalt!«, rief er und schwenkte ein Stück Papier triumphierend über seinem Kopf. Er rannte zu Susi, um ihr das Kunstwerk vorzuführen. Kein Wunder, dass dabei ein paar Bücher mit lautem Krach umstürzten und Susi alle Hände voll zu tun

hatte, Tommy von ihren geheimen Malereien fernzu-
halten. »Das soll Papa sein!«, lachte sie laut, als sie die
Schmierereien auf dem Blatt erblickte, das Tommy ihr
entgegenstreckte. »Das sieht ja aus wie ein Huhn!«,
lachte sie. »Ja, wie ein Huhn in der Mauser!«

»Das ist kein Huhn!«, meinte Tommy ärgerlich und
riss ihr das Blatt aus den Fingern. »Das ist Papa!«
Barbara legte ihr Strickzeug zur Seite und betrachtete
sich Tommys Bild von allen Seiten. »Du hast Recht!«,
sagte sie schließlich. »Es ist kein Huhn! Aber Papa ist
es auch nicht!« Sie überlegte und meinte dann: »Wenn
nicht alles so verschmiert wäre, könnte man vielleicht
dort etwas erkennen!« Sie deutete mit ihrem Finger
auf den linken oberen Rand des Blattes. »Das könnte
zum Beispiel eine zusammengetretene Colabüchse
sein. Aber eigentlich ist alles nur Gekrakel!«

»Es ist kein Geschmiere und kein Gekrakel!«, sagte
Tommy leise und war ganz nahe am Weinen. »Es ist

Papa!« Er zeigte mit seinem kleinen dicken Finger auf einen riesigen blauen Fleck mitten auf seinem Bild. »Und das ist Papas neue Hose!«

Die Mutter war inzwischen hereingekommen und hatte über Tommys Schulter das Bild betrachtet. »Natürlich ist das Papa!«, sagte sie und lachte. »Das sind einwandfrei seine blauen Hosen. Und so chaotisch und lustig wie das Übrige, was Tommy gemalt hat, genauso ist Papa!«

»Ich sehe nichts von Papa auf diesem Bild!«, stellte Barbara sachlich fest.

»Noch nicht einmal einen Kopf hat er ihm gemalt!«, fügte Susi hinzu.

Aber Mutter nahm ihren kleinen Jungen mit dem Bild auf den Schoß und sagte: »Er ist eben ein richtiger Künstler! Wenn er Papa so haben wollte, dass ihn jeder sogleich erkennt, dann hätte er ihn knipsen müssen. Aber wir haben schon so viele Fotos!«

Tommy nickte. Er war so glücklich darüber, dass seine Mutter ihn so gut verstand.

»Er hat den Papa von innen gemalt!«, sagte sie dann. »Er hat das gemalt, was andere nicht sehen können. Was in Papas Gedanken und in seinem Herzen vor sich geht. Zum Beispiel, dass er sich sehr über seine neue blaue Hose freut! Und dass er sehr lieb ist!«

Sie drückte ihren kleinen Jungen an sich und fragte ihn lächelnd: »Stimmt's?«

»Genau!«, sagte Tommy und nickte. Dann fragte er aber vorsichtig nach: »Glaubst du, dass Papa das auch gleich erkennt?«

»Bestimmt!«, lachte Mutter. »Ganz bestimmt!«

# Omas Weihnachtsplätzchen

Als Benedikt vom Kindergarten heimkommt, ist Mama dabei, ein Päckchen auszupacken, das Oma geschickt hat. »Das ist alles noch nichts für dich!«, lacht sie und klappt schnell den Deckel zu, sodass Benedikt nichts sehen kann.

»Sind auch Plätzchen in dem Paket?«, fragt er hoffnungsvoll.

»Aber die ganz guten …!«, antwortet Mama. »Die müssen wir unbedingt gut verstecken! Letztes Jahr waren sie schon vor Weihnachten alle aufgegessen!« Nachdenklich blickt sie Benedikt an. »Du könntest sie in den Keller bringen!«, meint sie dann. »Du stellst sie auf das Regal neben dem Schrank mit den Einweckgläsern.«

Mama gibt Benedikt den Kellerschlüssel. »Schaffst du das allein?«, fragt sie. »Findest du unsere Kellertür? Kannst du auch selbst die Tür aufschließen?«

Benedikt nickt. »Klar!«, sagt er. Schließlich kommt er nächstes Jahr in die Schule. Dass Mutti immer so dumme Fragen stellen muss! Benedikt presst die Büchse fest an seine Brust. Dann rennt er los.

Vor der Wohnungstür trifft er Papa, der gerade aufschließen wollte. »Was hast du denn da?«, fragt Papa.

»Weihnachtsplätzchen!«, antwortet Benedikt.

»Von der Oma?«

Benedikt nickt und drückt die Büchse fest an sich.

»Zeig doch mal!«

Zögernd reicht Benedikt Papa die Büchse. Schnell hat Papa das Gummi heruntergezogen und die Büchse ausgewickelt. Er öffnet sie gleich. »Omas gute Weihnachtsplätzchen!«, sagt er andächtig und greift hinein.

Zwei Plätzchen isst Papa gleich auf einmal auf. Auch Benedikt schiebt er zwei in den Mund. Er nimmt sich noch drei heraus und klappt den Deckel wieder zu. »Jetzt trag sie aber schnell in den Keller!«, sagt er.

Da kommt Evchen die Treppe heraufgestürmt. »Was habt ihr da?«, fragt Evchen noch außer Puste.

»Omas Weihnachtsplätzchen!«, antworten Benedikt und Papa gleichzeitig. Und Papa klappt den Deckel bereits wieder auf. So probieren sie zu dritt die Plätzchen. Sie schmecken ganz köstlich. Ein Plätzchen besser als das andere.

»Jetzt reicht es aber«, meint Papa schließlich und klappt den Deckel wieder zu. »Jetzt trag sie aber schnell in den Keller!«

Benedikt greift nach der Büchse und rennt nach unten. Vor Müllers Wohnungstür stehen Nadja und Steffi und warten darauf, dass ihre Mutter ihnen öffnet.

»Was hast du denn da?«, fragt Steffi.

»Plätzchen von meiner Oma!«, sagt Benedikt stolz und öffnet die Blechschachtel. »Wollt ihr mal probieren?«

Er hält den Mädchen die Büchse hin, und natürlich greifen beide zu. Einmal und noch einmal.

Endlich öffnet auch Frau Müller die Tür und schaut direkt in Benedikts Plätzchenbüchse hinein.

Benedikt hält ihr die Schachtel hin.

»Hm! Sehr gut!« Frau Müller nimmt eine ganze Hand voll. »Deine Mama muss mir unbedingt das Rezept geben!«

»Es sind Omas Weihnachtsplätzchen!«, erklärt ihr Benedikt. »Jetzt reicht es aber«, sagt er und klappt den Deckel wieder zu. »Jetzt trage ich sie schnell in den Keller!«

Und Benedikt rennt mit der Büchse nach unten.

An der Haustür kommen ihm Klausi und Werner entgegen. Sie sind viel größer als Benedikt. Werner geht ins zweite Schuljahr und Klausi schon ins vierte. Sie wohnen hier unten direkt bei der Haustür. Und immer muss Benedikt an ihnen vorbei.

»Zeig mal, was du da hast!«, sagt Werner.

Benedikt drückt die Plätzchenbüchse fest an sich.

»Na, wird's bald?«, fragt Klausi.

Da fällt laut scheppernd der Deckel auf den Boden.

»Uii! Plätzchen!«, schreit Werner und greift mit beiden Händen zu.

»Lass mir auch noch welche!«, schimpft Klausi und drängt Werner zur Seite.

Sie reißen an der Schachtel, bis sie Benedikt aus den Händen rutscht. Da liegt nun alles auf der Erde. Und Herr Winterfeld ist auch noch hinzugekommen und zieht die beiden Jungen an den Haaren. Er ist Werners und Klausis Vater. »Schämt ihr euch nicht?«, brüllt er immer wieder. Dann jagt er die beiden Jungen in die Wohnung und hilft Benedikt, die Plätzchen aufzusammeln.

»Viele sind es ja nicht!«, sagt er dann, als er den Deckel auf die Büchse klemmt.

»Es waren viel mehr!«, murmelt auch Benedikt leise, als er vor der Kellertür steht.

Schade, jetzt weiß er nicht, welche Kellertür zu ihrem Keller gehört.

Er probiert an der einen Tür, dann an der anderen. Zwischendurch öffnet er wieder die Büchse, nimmt sich noch ein paar Plätzchen und stopft sie in die Hosentasche. Wenn alle anderen Plätzchen gegessen haben, muss er auch noch ein paar haben!

Plötzlich steht Felix neben ihm. Felix ist sein großer Bruder. »Ich soll nachsehen, wo du bleibst!«, sagt er. Dann entdeckt er die Büchse. »Plätzchen?«

»Von Oma!«, antwortet Benedikt leise.

»Sie sind ja fast alle!«

Benedikt sagt gar nichts. Er zuckt nur mit der Schulter.

»Da habe ich ja Glück gehabt, dass ich noch welche abkriege!«, meint Felix und nimmt die letzten Plätzchen heraus.

Da packt Benedikt die Büchse, so fest er nur kann, und rennt nach oben. Er hastet die Treppen hinauf und stürmt ins Esszimmer, wo alle um den Tisch sitzen. Mitten auf den Tisch knallt er die leere Dose und weint: »Sie haben sie alle aufgegessen!«

»Wer?«, fragt Mama.

»Papa und Evchen und Steffi und Nadja und Werner und Klausi!« Er blickt Felix vorwurfsvoll an, der hinter ihm hochgestürmt ist und an den letzten Plätzchenkrümeln kaut. »Und du auch!«

Mama schaut von Evchen zu Felix und dann zu Benedikt und Papa. »Ich hätte sie ja wenigstens gern einmal probiert«, sagt sie, und ihre Stimme klingt traurig. Da sehen alle zu Boden. Sie haben ja solches Mitleid mit Mama.

Nur Benedikt greift in seine Hosentasche und kramt nach und nach drei Plätzchen heraus. »Die habe ich noch für dich aufgehoben!«, sagt er und reicht Mama die Plätzchen.

Und Mama? Natürlich probiert sie die Plätzchen und ist wieder gut gelaunt!

Papa meint: »Nächstes Jahr soll uns Oma aber mehr von ihren guten Plätzchen schicken!«

»Nächstes Jahr machen wir alles ganz anders!«, antwortet Mama nur.

Aber sie verrät nicht, was nächstes Jahr anders gemacht werden soll.

# Der
# Weihnachtsmann-Papa

Pauls Papa war schon lange arbeitslos. Da war er froh, dass er in diesem Jahr wenigstens für die Vorweihnachtszeit einen Job bekam. In der kleinen Stadt wurde nämlich Jahr für Jahr auf dem Marktplatz ein großer Weihnachtsmarkt abgehalten. Es wurden schöne kleine Holzhäuschen aufgestellt, in denen allerlei weihnachtlicher Kram verkauft wurde: Christbaumkugeln, große und kleine bunt angemalte Nussknackermänner aus Holz, winzige geschnitzte Figuren aus dem Erzgebirge, Weihnachtspyramiden, Ausstechförmchen zum Plätzchenbacken, Krippenfiguren und vieles mehr. Dazu kamen Buden und Stände, wo man auch kleine Geschenke und Schmuck kaufen konnte. Dazwischen standen die Imbissbuden und luden zu frischer Rostbratwurst und Glühwein ein. Es war täglich ein buntes Treiben und die Leute kamen von nah und fern.

Natürlich sollte auch jedes Jahr ein Weihnachtsmann auf dem Marktplatz herumlaufen. Er sollte den Kindern die Hand geben, sie auf den Arm nehmen, wenn die Eltern ein Foto von dem Kind mit dem Weihnachtsmann machen wollten, er sollte eben immer da sein, damit auf dem Weihnachtsmarkt so richtiges Weihnachtsgefühl aufkommen konnte.

Dieses Jahr war Pauls Papa der Weihnachtsmann. Wenn Paul aus der Schule kam, war Papa längst schon auf dem Weihnachtsmarkt. Jeden Morgen ging er zum Rathaus am Marktplatz und legte in einem kleinen Raum seine Verkleidung an: den roten Mantel mit dem weißen Fell am Saum und an den Ärmeln, die rote Weihnachtsmannmütze, die Stiefel, den Sack und den dicken Stock. Zum Schluss musste er sich noch den großen weißen Wattebart umhängen, der ihn erst zum richtigen Weihnachtsmann machte.

Voriges Jahr hatte sich Paul richtig gefreut, als plötzlich der Weihnachtsmann auf dem Weihnachtsmarkt vor ihm stand und ihm einen Lebkuchen in die Hand

drückte. Dieses Jahr war das ganz anders. Es war ihm furchtbar peinlich, dass ausgerechnet sein Papa dort den Weihnachtsmann spielen musste.

»Ihr müsst euch das vorstellen«, hatte Papa abends erzählt, »da läuft man den ganzen Tag verkleidet herum, muss ständig mit tiefer Stimme den Leuten fröhliche Weihnachten wünschen und alles tun, was sie von einem verlangen. Nur hin und wieder kann man sich kurz im Rathaus aufwärmen und wenigstens mal hinsetzen.«

Aber Papa ging jeden Morgen wieder los, weil sie eben das Geld, das er dabei verdiente, so nötig brauchten. Besonders jetzt vor Weihnachten.

Paul wollte dieses Jahr nicht auf den Weihnachtsmarkt und Mama lieber auch nicht. Papa wollte auch nicht, dass sie kamen. Es war für ihn schon schlimm genug, dass er keine andere Arbeit gefunden hatte. Und Weihnachtsmann spielen machte ihm von Tag zu Tag weniger Spaß.

Am Samstagmorgen dann, als Paul sich so richtig ausschlafen wollte, stand plötzlich Mama vor seinem Bett. »Papa hat seinen Geldbeutel vergessen«, sagte sie. »Bitte steh auf und bring ihn ihm.«

»Weihnachtsmänner brauchen überhaupt keine Geldbeutel«, schimpfte Paul und rieb sich den Schlaf aus den Augen.

»Paul, er muss bis zum Abend dort stehen«, sagte Mama. »Und er muss sich mal etwas zu essen oder zu trinken kaufen können.«

»Du gibst ihm doch immer ein Vesper mit«, meinte Paul, der überhaupt keine Lust hatte aufzustehen.

»Sogar das Klo kostet Geld!«, sagte Mama leise.

Mürrisch wälzte sich Paul aus dem Bett, stopfte sein Frühstücksbrot in sich hinein, schüttete den Becher Milch hinterher und machte sich dann auf den Weg zum Weihnachtsmarkt.

»Pass ja auf, dass du den Geldbeutel nicht verlierst!«, rief Mama ihm nach.

Und Paul klopfte beruhigend auf seine Brust. »Ich habe ihn in der Innentasche vom Anorak.«

Mühsam drängte er sich später zwischen den vielen Leuten auf dem Markt durch, immer nach allen Seiten spähend, um irgendwo den Weihnachtsmann zu entdecken. »Pass doch auf, Kleiner!«, sagte ein Mann, den Paul versehentlich angerempelt hatte.

»Entschuldigung!« Paul wich zur Seite aus und so entdeckte er plötzlich den Weihnachtsmann ganz hinten an der Würstchenbude. Er stopfte gerade eine Currywurst mit vielen Pommes frites in sich hinein. Seltsam! Hatte Papa doch Geld eingesteckt und seinen Geldbeutel zu Hause gelassen? Paul ging auf ihn zu.

Der Weihnachtsmann blickte kurz von seinen Pommes frites auf, als Paul sich neben ihn stellte.

»Gibst du mir was von den Fritten ab?«, fragte Paul und stieß ihn leicht in die Seite.

Der Weihnachtsmann zuckte zusammen und knurrte: »Du spinnst wohl! Hau ab, Kleiner!«

Paul konnte es nicht fassen. Er stand wie angewurzelt neben dem Weihnachtsmann, der sich wieder seinen Pommes frites und der Currywurst zugewandt hatte.

»Papa!«, brachte er nur heraus. Und noch einmal ganz vorwurfsvoll: »Papa!«

Der Weihnachtsmann ließ die Pommes zurück auf den Teller fallen und starrte ihn verdutzt an. »Was sagst du da?«, fragte er.

»Mama schickt mich«, stotterte Paul.

»Welche Mama?«

»Deine Frau!«

»Was soll der Quatsch!«

Der Weihnachtsmann zupfte verlegen an seinem Bart. »Ich bin überhaupt nicht verheiratet! «

»Papa!« Pauls Stimme wurde lauter.

»Ich bin nicht dein Papa!«, tönte der Weihnachtsmann. »Jedenfalls weiß ich nichts davon!«

»Wer bist du denn?«, fragte Paul plötzlich ganz leise.

Da zog der Weihnachtsmann ein wenig seine Mütze und den Bart zur Seite, sodass Paul seine Augen und seine Nase sehen konnte. Nein, das war nicht Papa! Als er verwirrt zurückwich und sich umschaute, sah er plötzlich einen zweiten Weihnachtsmann mit schnellen Schritten auf sich zukommen.

»Papa!«, rief er verzweifelt. »Papa!«

Da hatte ihn der zweite Weihnachtsmann bereits erreicht und nahm ihn in den Arm. »Paul!«, sagte er immer wieder, bis Paul sich einigermaßen beruhigt hatte. »Mach doch nicht so einen Aufstand!«

»Mama schickt mich!«, stammelte Paul, als er sicher war, dass der zweite Weihnachtsmann nun wirklich sein Papa war. »Du hast deinen Geldbeutel vergessen!« Auf einmal war alles wieder gut.

Der erste Weihnachtsmann lachte jetzt: »Schade, dass ich das nicht gewusst habe. Ich hätte mir gern von dir einen Geldbeutel schenken lassen! An den Samstagen setzen sie immer zwei Weihnachtsmänner ein!«, erklärte er dann. »Ich bin froh, dass ich wenigstens diesen Job noch erwischt habe!«

»Wenn ich jetzt mein Geld wiederhabe«, meinte Papa schließlich, »dann lade ich uns alle drei zu Currywurst mit Fritten ein!«

»Ich bin so satt, dass ich kein Würstchen mehr hineinkriege!«, meinte sein Kollege. »Aber zu einem Glühwein sage ich nicht nein!«

»Aber danach müssen die Weihnachtsmänner wieder ihre Runden drehen!« Papa schob den Bart etwas zur Seite, damit er die Wurst essen konnte, ohne sich zu bekleckern.

In diesem Augenblick kam Bärbel Brause mit ihrer Mutter an dem Würstchenstand vorbei. Sie hielt an und zupfte ihre Mutter am Ärmel.

»Guck doch nur«, flüsterte sie, »da steht der Paul Weber aus meiner Klasse zusammen mit zwei Weihnachtsmännern und isst Würstchen.«

»Warum nicht?«, sagte ihre Mutter und ging weiter. »Wenn es ihm schmeckt.«

# Die Geschichte vom Weihnachtslicht

Als die Engel den Hirten verkündet hatten, dass im Stall von Betlehem der König der Welt geboren worden war, da suchte jeder nach einem passenden Geschenk, das er dem Kind in der Krippe mitbringen wollte. Die Hirten liefen auseinander, verabredeten sich aber, dass sie sich nach kurzer Zeit treffen wollten, um gemeinsam zum Stall zu gehen, das Kind anzubeten und ihre Geschenke zu überbringen.

»Ich bringe ein Schäfchen mit!«, meinte der eine.

»Ich eine Kanne voll frischer Milch!«, sagte ein anderer.

»Und ich eine warme Decke!«, rief ein Dritter.

Unter den Hirten war aber auch ein Hirtenknabe. Der war bettelarm und hatte nichts, was er dem Kind schenken konnte. Traurig lief er zum Schafstall und suchte in dem winzigen Eckchen, das ihm gehörte, nach etwas, was er vielleicht doch mitbringen konnte. Aber da war nichts, was auch nur den Anschein eines Geschenkes hatte. In seiner Not zündete der Hirtenknabe eine kleine Kerze an und suchte in jeder Ritze und in jeder Ecke. Doch alles Suchen war umsonst.

Da setzte er sich endlich mitten auf den Fußboden und war so traurig, dass ihm die Tränen an den Wangen hinunterliefen. So bemerkte er auch nicht, dass ein anderer Hirte in den Stall gekommen war und vor ihm stehen blieb. Er erschrak richtig, als ihn der Hirte ansprach:

»Da bringen wir dem König der Welt alle möglichen Geschenke. Ich glaube aber, dass du das allerschönste Geschenk hast!«

Erstaunt blickte ihn der Hirtenknabe mit verweinten Augen an. »Ich habe doch gar nichts!«, sagte er leise.

Da lachte der Hirte und meinte: »Schaut euch diesen Knirps an! Da hält er in seiner Hand eine leuchtende Kerze und meint, er habe gar nichts!«

»Soll ich dem Kind vielleicht die kleine Kerze schenken?«, fragte der Hirtenknabe aufgeregt.

»Ja!«, antwortete der Hirte. »Sie ist hell und macht warm.«

Da stand der Hirtenknabe auf, legte seine Hand schützend vor die kleine Flamme und machte sich mit dem Hirten auf den Weg.

Als die Hirten mit ihren Geschenken den Stall erreichten, war es dort kalt und dunkel. Als aber der Hirtenknabe mit seiner kleine Kerze den Stall betrat, da breitete sich ein Leuchten und eine Wärme aus, und alle konnten Maria und Josef und das Kind in der Krippe sehen. So knieten die Hirten vor der Krippe und beteten den Herrn der Welt an, das kleine Kind mit Namen Jesus. Danach übergaben sie ihre Geschenke. Der Hirtenknabe aber stellte seine Kerze ganz nah an die Krippe, und er konnte deutlich das Leuchten in Marias und Josefs Augen sehen.

»Das kleine Licht ist das allerschönste Geschenk!«, sagten die Hirten leise.

Und alle freuten sich an dem schönen Weihnachts-
licht, das sogar den armseligen Stall warm und gemütlich machte. Der Hirtenknabe aber spürte, wie in
ihm selbst eine Wärme aufstieg, die ihn immer glück-
licher machte. Und wieder musste er weinen. Jetzt
weinte er aber, weil er sich so glücklich fühlte.
Bis zum heutigen Tag zünden die Menschen vor
Weihnachten Kerzen an, weil sie alle auf Weihnachten
warten und ihnen das kleine Licht immer wieder
Freude und Geborgenheit schenkt.

# Was ist Weihnachten am wichtigsten?

»Was ist Weihnachten am wichtigsten?«, hat Frau Buchholz gefragt. Da haben wir so viel sagen können, dass Frau Buchholz alle Mühe gehabt hat, alles auf die große Tafel zu schreiben. Weil wir aber noch nicht schreiben können, durfte jeder etwas dazu malen.

Frau Buchholz hatte extra bunte Kreide mitgebracht.

»Die Geschenke!«, hat die Aike gerufen und ein buntes Päckchen an die Tafel gemalt. Das war dem Karlson zu wenig. Deshalb hat er auch noch ein rotes Auto dazu gemalt. Schließlich wünscht er sich ein Feuerwehrauto zu Weihnachten.

»Die Weihnachtslieder!«, hat die Celine gemeint und durfte ihre Flöte malen. Celine kann schon gut spielen.

»Die Kerzen sind wichtig!«, hat der Felix gesagt, und Frau Buchholz hat genickt. »Ja, die Advents- und die Weihnachtskerzen!«

Da haben ein paar von uns Kerzen gemalt. Rote und weiße, lila Kerzen und blaue. Aber die roten waren am schönsten.

»Am allerwichtigsten ist der Weihnachtsbaum!«, haben die Susan und der Dominik fast gleichzeitig gerufen.

Da durften sie auch zusammen einen großen Weihnachtsbaum an die Tafel malen. »Wichtig sind auch die Plätzchen!«, hat dann die Dorothea geschrien.

»Und die Nüsse und die Schokolade und die …!« Und dann hat sie vor Aufregung einen Schluckauf bekommen. Aber dicke Walnüsse, Lebkuchen und Ausstechförmchen hat sie doch noch aufgemalt.

Alle haben etwas gewusst. Aber Frau Buchholz war immer noch nicht zufrieden. »Ihr vergesst das Wichtigste!«, hat sie immer wieder gesagt.

»Wir haben immer noch eine Krippe unter dem Weihnachtsbaum!«, habe ich da gerufen. Dabei weiß ich genau, dass weder Moritz noch Karen so etwas zu Hause haben.

»Ah! Eine Weihnachtskrippe!«, hat Frau Buchholz gelacht. Da haben wir alle gesehen, dass wir auf der richtigen Spur waren.

»Und was gehört zu der Weihnachtskrippe?«, hat sie mich gefragt.

Da habe ich von dem Stall, von Maria und Josef, von den Hirten und den Schafen, von Königen und Kamelen und von dem Kind in der Krippe erzählt.

»Genau!«, hat Frau Buchholz gerufen. »Und wer gefällt dir von allen am besten?«

»Der schwarze König!«, habe ich geantwortet, und das ist wirklich wahr.

»Ist er wichtiger als das Kind in der Krippe?«, hat Frau Buchholz uns alle gefragt. Glaubt mir, sie hat dann eine große Schachtel mitten in den Kreis gestellt, und wir durften sie auspacken. Es war eine richtige Weihnachtskrippe mit dem Stall, mit vielen Menschen und Tieren und mit dem Kind in der Futterkrippe.

»Der heißt Jesus!«, hat der Bulu gesagt, der noch nicht lange bei uns ist. Er kommt von weit her. Außerdem ist er fast so dunkel wie der schwarz König. »Und Jesus ist Gottes Sohn!«

Frau Buchholz hat das Kind in der Krippe mitten zwischen die anderen Menschen und Tiere gestellt, direkt zu Maria und Josef.

»So ist es richtig!«, habe ich gesagt. »So ist es auch bei unserer Weihnachtskrippe!«

»Alle haben sich gefreut, als Jesus geboren war!«, hat Frau Buchholz gesagt. »Deshalb feiern wir heute noch Weihnachten!«

»Dann ist das am allerwichtigsten!«, hat später Susan gesagt, als wir alle zusammen die Weihnachtskrippe auf einem Tisch aufgebaut haben. Und Frau Buchholz hat genickt.

# Wie sehen Engel aus?

In der Schule und im Kindergarten, überall haben sie Engel gebastelt. Und Mutti hat noch einen Holzengel, den sie auf den Adventsbaum stellen will. Aber jeder Engel sieht anders aus. Caroline hat einen wunderschönen Engel aus Goldfolie gebastelt. David hat einen geknetet, und Rüdigers Engel ist aus schwarzem Karton ausgeschnitten. Er hat nur die Umrisse stehen lassen und buntes Transparentpapier dahinter geklebt. Mutti hat ihn an die Fensterscheibe gehängt. Er sieht wirklich sehr schön aus.

»Dein Engel hat ja noch nicht einmal Flügel!«, lacht Caroline und betrachtet kritisch den Engel, den David geknetet hat. David reißt ihn ihr aus der Hand.

»Engel brauchen keine Flügel!«, schreit er. »Die fliegen auch so!«

Da lachen die beiden Großen den Kleinen laut aus. Nur Mutti lacht nicht. Sie ist sogar ein bisschen ärgerlich.

»Macht euch nur lustig!«, sagt sie. »Ihr habt ja alle schon einmal Engel gesehen und wisst genau, wie sie aussehen!«

Caroline und Rüdiger hören auf zu lachen. Nein, einen Engel hat noch keiner gesehen. Da hat Mutti schon Recht.

»Wenn sie so lieb und lustig aussehen würden wie deiner«, meint Mutti, »dann hätten sich die Hirten damals bestimmt nicht so sehr vor ihnen gefürchtet!«

»Vor deinem aber auch nicht!«, meint Rüdiger und betrachtet sich Muttis Holzengel näher. »Aber Flügel hat der ja auch. Auf allen Bildern, die ich kenne, haben Engel Flügel!«

»Was meinst du?«, fragt Mutti. »Fotos oder Bilder?«

»Bilder natürlich!«, lacht Rüdiger. »Engel kann man doch nicht knipsen!«

»Aber die Maler wussten genau, dass sie Flügel haben?«

»Ach, Mutti!«, sagt Caroline. »Die Maler haben sie sich halt so vorgestellt. Weil sie vom Himmel zu den Menschen kamen, brauchten sie eben Flügel! Aber einen Engel gesehen, das hatten die Maler auch nicht.«

»Aber es gibt doch Engel?«, fragt David jetzt und blickt Mutti ängstlich an.

»Wenn Gott eine Botschaft für die Menschen hat, dann schickt er Engel zu ihnen«, sagt Mutti. »Engel sind die Boten Gottes!«

»Und dann fragst du mich nach Fotos von Engeln?« Rüdiger schüttelt den Kopf.

»Man weiß nie, ob man vielleicht nicht doch einem Engel begegnet ist!«, antwortet Mutti leise. »Gott kann doch auch Engel zu uns schicken, die so wie alle anderen Menschen aussehen! Vielleicht begreifen wir erst viel später, dass es wirklich seine Boten waren, die Gott zu uns auf die Welt geschickt hat!«

»Hast du Fotos von ihnen?«, fragt David und sieht seine Mutter ganz ernst an.

Da holt sie ein Buch mit Bildern und schlägt ein paar Seiten auf. »Das könnte einer gewesen sein!«, sagt sie. »Albert Schweitzer. Er ging zu den Schwarzen nach Afrika. Sein ganzes Leben lang hat er alles für sie getan, was er nur konnte.«

Rüdiger schaut auf ein anderes Foto. »Das ist doch die Mutter Teresa!«, sagt er. »Sie hat den Armen in Indien geholfen!«

»Viele nennen sie heute noch den Engel der Armen!«, erinnert sich Caroline. »Aber das sagt man doch nur so. Genau wie Vati zu dir manchmal mein Engel' sagt!«

»Das sagen viele von Mutter Teresa!«, sagt Mutti.
»Nicht nur einer!« Sie seufzt. »Aber so lange wir alle
nicht wissen, wie Engel nun wirklich aussehen, müs-
sen wir uns mit denen behelfen, die wir hier haben!«
Ganz behutsam nimmt sie den kleinen Knetengel von
David in ihre Hand.

»Gefällt er dir?«, fragt David. »Ich habe ihn extra für
dich gemacht!«

»Sehr gut!«, lacht Mutti. »Deshalb stelle ich ihn auch
neben meinen Holzengel! Dann stehen zwei wunderschöne Engel nebeneinander.

»Und meiner?«, fragt Caroline.

»Den stellen wir hinten auf die Eckbank. Dann können wir ihn beim Essen immer wieder ansehen und
uns über ihn freuen!«

# Doch ein Weg nach Karttula

Dass es jetzt mitten im Winter kalt und dunkel war, dass es mittags nur für ganz kurze Zeit hell wurde und dass die ganze Umgebung unter einer dicken Schneeschicht lag, das machte Matti nichts aus. Dafür waren die Sommernächte lang und hell, und es gab unendlich viele Abenteuer zu erleben. Als der Wetterbericht im Fernsehen für Weihnachten erhebliche Schneefälle im Gebiet von Kuopio in Finnland meldete, hoffte Matti sehnlichst, dass die Gegend von Karttula davon verschont bliebe. Denn wenn es heute nicht schneien würde, dann konnten sie am späten Nachmittag alle zusammen zur Kirche gehen, und seine Eltern konnten Matti als Josef in dem Krippenspiel erleben, das sie seit Wochen für diese Weihnachtsfeier geprobt hatten. Es war seine erste Hauptrolle, und Matti war mächtig stolz darauf, den Josef zu spielen.

Wenn morgen wieder Schneefall einsetzen würde, dann wollte sich Matti nicht beklagen. Nur heute noch nicht! Heute musste er noch zur Weihnachtsfeier in die kleine Holzkirche in Karttula. Wie sollte das Krippenspiel ohne Josef aufgeführt werden?

Als es mittags zu schneien begann, wollte Matti es nicht wahrhaben. Und als ein regelrechtes Schneetreiben einsetzte, wurde er immer verzagter.

»Es wird in diesem Jahr nichts mit unserem Gottes-dienstbesuch!«, sagte die Mutter, als sie vergeblich versucht hatte, mit dem Schneeschieber den kurzen Weg vom Haus zum Saunahäuschen freizuschaufeln.

Aber Matti ließ sich nicht abbringen. »Ich muss in die Kirche!«, sagte er immer wieder. »Sie können doch ohne mich nicht spielen!«

»Was nicht geht, geht eben nicht!«, antwortete seine Mutter und seufzte. »Es werden bestimmt viele nicht kommen können!«

Auch Mattis Vater schüttelte den Kopf. Für die Leute in Karttula war es vielleicht noch möglich, gegen den Schnee anzukommen. Aber hier draußen, weitab von der Landstraße, gab es kaum eine Chance. In diesem Schneetreiben würden sie auch keinen Schneepflug einsetzen. Sie würden bis morgen warten.

Immer wieder lief Matti zur Tür. Manchmal meinte er, dass das Schneetreiben etwas nachgelassen hätte. Aber dann ging es gleich wieder von Neuem los. »Wenn wir jetzt unseren Traktor hätten«, sagte er. Jedoch er wusste genau, dass der Traktor seit Anfang der Woche in Karttula in der Werkstatt stand. Pekka Pietinen hatte versprochen, ihn bis Neujahr zu repa-rieren. »Wir feiern halt Weihnachten zu Hause!«, sagte Mattis Mutter und legte den Arm um ihn. »Das wird bestimmt auch schön!«

Matti dachte für einen Augenblick an die verschnürten Päckchen, die schon seit vielen Wochen in der Truhe im Schlafzimmer seiner Eltern lagen. Er dachte auch an die Geschenke, die er für die Eltern und für Marja, seine kleine Schwester, gebastelt hatte. Aber das Spiel in der Kirche war viel, viel wichtiger. Wie hatte er um die Rolle des Josef gekämpft! Im letzten Jahr hatte er nur ein Schaf spielen dürfen, das mit den Hirten zur Krippe zog. Und diesmal hatte er eine Hauptrolle bekommen. Zusammen mit Maria sollte er von einer Ravintola zur nächsten ziehen, um eine Unterkunft für die Nacht zu finden. Schließlich würden sie zu dem Stall gelangen, in dem dann das Kind Gottes geboren werden würde. Mattis Vater hatte eigens für dieses Spiel eine ganz neue Krippe gezimmert, weil Matti ihn so darum gebeten hatte. Und jetzt war alles vergebens. Das Spiel wird ausfallen, weil der Josef nicht durch den Schnee zur Kirche kommen kann.

Matti war es zum Heulen zu Mute. Da half es nichts, dass er immer wieder nach draußen lief und verkündete, dass es bald zu schneien aufhöre. Es schneite weiter, und es war kein Ende abzusehen.

»Selbst wenn es jetzt aufhört, kommen wir nicht nach Karttula!«, sagte sein Vater.

Matti kämpfte gegen seine Tränen an, konnte sie aber nicht zurückhalten. Da nutzte es auch nichts, dass ihm seine Mutter einen Teller mit seinen Lieblingsplätzchen hinstellte.

»Ist doch nicht so schlimm!«, sagte Marja und versuchte ihn zu trösten. Was wusste Marja schon? Sie war noch klein, und Weihnachten zu Hause war für sie viel wichtiger als der Gottesdienst in der Kirche. Schließlich musste sie ja auch nicht heute Abend den Josef im Krippenspiel darstellen.

Gegen fünf Uhr ließ das Schneetreiben nach. Aber Mattis Vater schüttelte den Kopf. »Nein, wir können es nicht wagen. Schließlich sind es bis Karttula über fünf Kilometer. Und Marja ist noch so klein, dass sie mit den Skiern erhebliche Schwierigkeiten hätte.«

»Und wenn wir allein nach Karttula gingen?« Matti blickte seinen Vater hoffnungsvoll an. Doch der schüttelte nur den Kopf. Nein, ohne Mutter und Marja ging Vater nicht. Das wusste Matti genau.

Als das Telefon klingelte, meldete sich Tapio Halonen, der Pfarrer. Er fragte nach, ob sie den Weg durch den Schnee nach Karttula schaffen würden. Mit den anderen hatte er bereits gesprochen. Sie würden alle kommen. Aber Matti wohnte so weit weg, dass auch der Pfarrer befürchtete, dass er es vielleicht nicht schaffen konnte.

Der Vater sprach lange mit dem Pfarrer. Und Matti hörte aus Vaters Stimme, wie Leid es ihm tat, dass unter diesen Umständen Matti nicht mitspielen konnte.

»Ja, dann müsste das Krippenspiel heute Abend ausfallen!«, sagte er schließlich. Darauf hörte er dem Pfarrer zu und nickte ein paar Mal. Als er den Hörer aufgelegt hatte, wandte er sich an Matti: »Der Pfarrer will das Spiel unbedingt spielen lassen. Die anderen Kinder kommen alle. Es ist für sie nicht so schwierig wie für uns. Aber ohne Josef geht es nicht!«

Matti nickte. Wieder kämpfte er gegen die Tränen.

»Ich will dir nicht zu viel versprechen!«, meinte der Vater dann. »Aber vielleicht kommen wir doch noch nach Karttula. Der Pfarrer will Hannu Meri anrufen. Er hat einen großen Traktor, der es bis zu uns schaffen könnte. Vielleicht ist er bereit, uns abzuholen und nachher wieder nach Hause zu bringen!«

»Vielleicht!«, fügte er hinzu, als er bemerkte, dass Matti sofort vor Begeisterung aufspringen wollte. »Wir müssen abwarten!«

Jedenfalls holte die Mutter gleich für alle die dicken Sachen herbei und legte sie auf der Bank bereit.

Wenig später rief der Pfarrer erneut an und versicherte, dass Hannu Meri versuchen würde, mit dem Traktor zu ihnen zu kommen. Da hielt es Matti nicht länger im Haus aus. Er zog sich warm an und wartete vor der Tür auf den Traktor. Es hatte aufgehört zu schneien. »Mehr als einen Meter Neuschnee?«, fragte er, als sein Vater zu ihm heraustrat.

»Könnte sein!«, meinte sein Vater.

»Wollen wir hoffen, dass Hannu Meri es bis zu uns schafft!« Er schaltete die große Lampe an, die über der Haustür hing. »Hoffen wir, dass er uns findet!«

Immer wieder blickte Matti auf seine Uhr. Es waren nur noch zwanzig Minuten bis sechs Uhr.

»Ohne dich fangen sie nicht an!«, meinte sein Vater, um ihn zu beruhigen.

Dann hörten sie plötzlich Motorengeräusche. Hannu Meri war auf dem Weg zu ihnen. Mit seinem großen Traktor hatte er es geschafft, da war der Schnee kein Hindernis. Als aber dann die Umrisse des Gefährts in der Dunkelheit immer deutlicher zu erkennen waren, da staunte Matti. Hannu Meri war nicht mit dem Traktor zu ihnen herausgekommen. Es war der Schneepflug, der sich seinen Weg zu ihnen bahnte.

»Mit dem Traktor hätte ich es nicht geschafft!«, lachte Hannu, als er vor ihnen anhielt. »Das war mir zu riskant!«

Nun kamen auch Mutter und Marja aus dem Haus gelaufen, und alle versuchten, auf den engen Sitzen Platz zu finden. Ganz nahe drückten sie sich aneinander. »So friert keiner von uns!«, sagte Marja und fühlte sich zwischen ihren Eltern sichtlich wohl.

»Mit dem Schneepflug zur Kirche!«, lachte Mattis Mutter. »Das hättest du dir auch nicht träumen lassen!«

Matti nickte. Sprechen konnte er nicht. Es war einfach alles zu schön. Alle Hindernisse waren zur Seite geräumt. Sie werden mit dem Spiel in der Kirche warten, bis er da ist. Alles war wieder gut. Eines wusste er genau: Diesen Weihnachtsabend würde er nie vergessen. Nie im Leben!

# Krippenspiel

Frau Kersting übt mit ihrer Gruppe ein Krippenspiel ein. Es soll den Eltern in der Weihnachtsfeier vorgespielt werden.

Heiko spielt den Josef und Liselotte die Maria.

Peter, Anne und Frieder sollen die Wirte in den verschiedenen Gasthäusern spielen. Peters Wirtshaus ist hinter der Tür des Gruppenraums.

Josef kommt mit Maria und klopft an die Tür.«Habt ihr ein Zimmer für uns?«, fragt er.

Peter öffnet die Tür, schreit: »Nein, bei mir ist kein Zimmer frei!«, und schlägt den beiden die Tür vor der Nase zu.

Anne hat einen Tisch in eine Zimmerecke gestellt. Sie sitzt auf einem Stuhl hinter dem Tisch.

Josef legt den Arm um Maria und führt sie zu Liselottes Gasthaus. Er klopft mit der Faust auf den Tisch. »Habt ihr vielleicht ein Zimmer für uns?«, fragt er.

»Tut mir Leid!«, sagt Anne. »Sucht euch ein anderes Wirtshaus!«

So gehen Maria und Josef weiter zu Frieders Wirtshaus. Es ist gleich neben dem Schrank.

»Habt ihr ein Zimmer für uns?«, fragt Josef.

Jetzt unterbricht Frau Kersting das Spiel. Sie fragt: »Wie wäre das eigentlich heute? Wie wäre es, wenn Maria und Josef zu euch kämen und fragten: Habt ihr ein Zimmer für uns? Würdet ihr sie bei euch aufnehmen?«

»Ganz bestimmt!«, sagt Silke.

»Dann würde doch bei uns das Jesuskind geboren. Es brauchte nicht im Stall in der Krippe zu liegen!«, meint Jörg.

»Sie könnten sogar bei mir im Kinderzimmer schlafen. Wir würden noch eine Liege hineinstellen und ich würde zu meinen Eltern ins Schlafzimmer ziehen!«, fügt Kristina hinzu.

»Es hat aber doch niemand gewusst, dass Maria Jesus erwartet!«, sagt Frau Kersting. »Ob ihr wirklich bereit wäret, irgendjemanden, den ihr nicht kennt, bei euch aufzunehmen?«

Nach einigem Überlegen meint Sven: »Da würden meine Eltern bestimmt nicht mitmachen!«

»Unsere Wohnung ist viel zu klein!«, sagt Sibylle.

»Fremde Leute sollten in einem Gasthaus wohnen!«, stellt Liselotte sachlich fest.

»Und wenn im Gasthaus kein Zimmer frei ist?«, fragt Frau Kersting.

»Man kann doch nicht einfach zu irgendwelchen Leuten kommen und nach einem Zimmer fragen!«, meint Sven, nachdem er lange nachgedacht hat.

Heiko hat sich bis jetzt nicht an dem Gespräch beteiligt. Er hat aber genau zugehört. Jetzt sagt er: »Ich glaube, es wäre heute so wie damals. Wir alle würden Maria und Josef nicht bei uns aufnehmen!«

»Wir wollen unser Krippenspiel weiterspielen!«, sagt Frau Kersting. »Wo wollen wir den Stall aufbauen?«

# Der letzte Weihnachtsbaum

Auf dem Weihnachtsmarkt hatten viele Weihnachtsbäume gestanden: große und kleine, teure und ganz teure. Alle Weihnachtsbäume hatte der Händler verkaufen können. Nur ein einziges Bäumchen war übrig geblieben. Es war ein wenig windschief gewachsen und auch recht klein. Gar mancher hatte es prüfend in die Hand genommen, es dann aber wieder hingestellt. Und ein Mann hatte sogar gesagt: »Nein, es ist wirklich zu mickrig!«

Als der Weihnachtsbaumverkäufer am Abend seine Sachen zusammenpackte, überlegte er, ob er das Bäumchen mitnehmen sollte. »Ach was!«, sagte er dann und ließ es einfach an der Mauer stehen. Er setzte sich in seinen großen Lastwagen und fuhr davon, ohne sich auch nur noch einmal nach dem armseligen Weihnachtsbäumchen umzusehen.

Der Marktplatz wurde immer leerer. Es wurde immer dunkler. Dann begann es zu schneien. Doch die weißen Schneeflocken verwandelten sich auf dem Pflaster des Marktplatzes schnell in schmutziges Wasser. So stand das Bäumchen bis tief in die Nacht allein auf dem Marktplatz herum, scheu an die Wand gedrückt und von keinem beachtet. Zwei Tage und zwei Nächte stand das Bäumchen dort. Dann war Heiliger Abend.

Überall in den Wohnungen wurden die Weihnachtsbäume geschmückt. Als es dunkler wurde, erstrahlten die Kerzen. Die Erwachsenen und die Kinder sangen so laut und fröhlich ihre Weihnachtslieder, dass man es bis auf den Marktplatz hören konnte.

In dieser Nacht drückte sich auch der alte Henry durch die Straßen. Der alte Henry war ein Pennbruder, der keinen Menschen auf der Welt hatte, bei dem er Weihnachten feiern konnte. Im letzten Jahr war er zu einer Weihnachtsfeier eingeladen worden. Es hatte Plätzchen und Kuchen gegeben. Aber all die rührseligen Worte, die er gehört hatte, hatten ihm nicht gefallen. Er war nur noch trauriger geworden. Deshalb wollte er in diesem Jahr lieber ganz allein bleiben.

Als er das armselige Bäumchen in der dunklen Marktecke erblickte, blieb er verwundert stehen. »Du siehst ja ganz schön mitgenommen aus!«, brummte er.

Er packte das Bäumchen, hob es vorsichtig hoch, betrachtete es von allen Seiten und stellte es dann ganz behutsam wieder auf seinen Platz zurück. Er seufzte einmal tief und wollte weiter gehen. Doch dann blieb er wieder stehen, beugte sich erneut zu dem Bäumchen hinunter und hob es zu sich herauf. Er nahm es in seinen Arm und ging schnellen Schrittes durch die Nacht. Nahe am großen Fluss stand eine alte Baracke. Dort schlief der alte Henry manchmal. Dort wohnte auch sein Kumpel, der Klamotten-Camillo. Als sich der alte Henry der Baracke näherte, sah er, dass dort Licht brannte. »Ich bin's, der Henry!«.

»Komm herein!« tönte es aus der Baracke. »Ich habe mir schon gedacht, dass wir uns heute noch treffen!«

»Willst du mit mir essen?«, fragte der Klamotten-Camillo und reichte dem alten Henry ein Stück Brot und eine Wurst herüber. Doch der alte Henry suchte zuerst so lange in dem Raum herum, bis er zwei alte Kerzenstummel gefunden hatte. Mit etwas Draht befestigte er die Kerzen an dem Bäumchen. Dann stellte er den Weihnachtsbaum in eine leere Kaffeekanne und zündete mit einem Streichholz beide Kerzen an.

»Mensch, du bist einer!«, flüsterte der Klamotten-Camillo und knipste das Licht aus. Und dann hockten die beiden alten Männer vor dem Weihnachtsbäumchen in der schäbigen Kaffeekanne. Sie redeten nichts. Sie sangen keine Weihnachtslieder. Sie schauten nur das Bäumchen mit den beiden brennenden Kerzen an. Sie saßen ganz eng beieinander und erfuhren, dass Weihnachten war. Als die Kerzen ganz niedergebrannt waren, räusperte sich der Klamotten-Camillo und sagte: »Jetzt iss aber endlich was! Schließlich gibt es solche Wurst bei mir nicht alle Tage!«

Aber es dauerte noch lange, bis sie das elektrische Licht wieder anknipsten.

# Da wird's im Häuschen hell und warm

Früher gab es draußen vor der Stadt nur das kleine alte Haus der Rebmanns. Aber dann bauten Leute aus der Stadt dort ihre großen und schönen Häuser. Die Rebmanns wohnten noch eine Weile in ihrem Häuschen. Dann zogen sie weg. Ihr Häuschen aber stand da und wurde immer baufälliger.

Die Stadtleute rümpften die Nase über das armselige Häuschen. »Man sollte es abreißen! Es ist eine Schande für die ganze Straße!«, sagten sie.

Eines Tages aber zogen neue Mieter in das Häuschen, die Glogowskis. Es waren arme Leute, die keine teure Wohnung bezahlen konnten. Sie hatten viele Jahre in Russland gelebt. Jetzt waren sie wieder heim nach Deutschland gekommen. Die Kinder hatten altmodische Sachen an und konnten nicht einmal richtig deutsch sprechen.

Da rümpften die Stadtleute erst recht die Nase.

Eines Morgens begann es zu schneien. Es schneite und schneite. Das ganze Land versank im Schnee. Da konnten die Leute nicht in die Stadt zur Arbeit fahren. Und die Schulbusse fuhren auch nicht.

Am Nachmittag fiel der Strom aus.

Zuerst merkte es Jessica Kleikamp. Denn als sie die Kinderstunde anstellen wollte, ging der Fernseher nicht. Herr Kleikamp probierte alle Lichter aus: nichts rührte sich.

»O weh!«, sagte Frau Kleikamp. »Da kann ich nicht einmal Kaffee kochen.«

»O weh!«, rief auch Frau Hanstein. Sie war gerade dabei, Plätzchen zu backen. Stefan und Angela halfen eifrig. Es sollte ein richtiger Plätzchenbacknachmittag werden.

Als aber gerade die ersten Plätzchen im elektrischen Backofen waren, ging das Licht in der Küche aus. Und der Backofen heizte nicht mehr.

Im Nachbarhaus sagte Patrick Schumann zu seiner Mutter: »Puh! In meinem Zimmer ist es kalt. Ich friere.«

Aber im großen Wohnzimmer und in der Küche war es auch nicht wärmer.

In den neuen Häusern waren die prächtigen und modernen Heizungen ausgefallen, die nur mit Strom gehen. Die Kleikamps und Hansteins und Schumanns saßen im Kalten. Nur aus dem Schornstein von Glogowskis stieg unverdrossen Rauch auf. Und in ihrer Wohnküche war es bestimmt richtig bullig warm und gemütlich.

Frau Kleikamp, Frau Hanstein und Frau Schumann sahen sehnsüchtig zu dem Häuschen hinüber.

»Dort gibt es bestimmt heißes Wasser«, sagte Frau Kleikamp. »Dann könnte ich uns wenigstens eine Wärmflasche machen.«

»Vielleicht kann ich bei denen im Küchenherd unsere Plätzchen fertig backen«, sagte Frau Hanstein. »Sie verderben mir ja sonst.«

»Ich hätte große Lust auf einen heißen Tee«, sagte Frau Schumann. »Ob ich mir drüben wohl Wasser heiß machen kann?«

So machten sich Frau Kleikamp, Frau Hanstein und Frau Schumann auf den Weg.

Vor Glogowskis Häuschen trafen sie zusammen.

Zu Hause aber warteten die Männer und Kinder und wunderten sich, dass die Frauen so lange ausblieben. Schließlich zogen sie los, um nachzusehen.

Spät in der Nacht kehrten die Kleikamps und die Hansteins und die Schumanns vergnügt nach Hause zurück.

»Was für nette Leute!«, sagte Frau Kleikamp.

»Morgen gehe ich mit Magdalena Schlitten fahren«, erklärte Jessica.

Patrick Schumann zupfte seine Mutter am Ärmel und sagte: »Wenn der Strom wieder da ist, zeige ich Michail und Janko meine Eisenbahn. Ich habe sie schon eingeladen.«

»Habt ihr gesehen, wie Frau Glogowski das Brot angeschnitten hat?«, fragten Angela und Stefan. »Sie hat zuerst mit dem Messer ein Kreuz hineingeritzt.«

»Sie hat es gesegnet«, sagte Herr Hanstein nachdenklich. »Das hat meine Großmutter früher auch so gemacht.«

Herr Hanstein blieb stehen und schaute zurück.

In dem kleinen Häuschen war Licht hinter allen Fenstern. Es sah aus wie ein Adventshäuschen.

Ein Häuschen – freundlich und hell und warm.

# Markus und der zweite Stern

Weihnachten ist schön. Aber den Dreikönigstag am 6. Januar, den mag Markus noch viel lieber. Dann ziehen Sternsinger hinter dem Stern her. Sie gehen von Haus zu Haus, singen und musizieren und tragen ihr Sprüchlein vor. Die Sternsinger sammeln Geld für die Patengemeinde der Kirche in Indien. Letztes Jahr hatten sich Max, Jonathan und Fabian als Könige verkleidet. Aber da wollten plötzlich Guido, Kevin und Laura auch noch Könige sein. Sie bettelten so lange, bis schließlich die Gruppenleiterin nachgab und tatsächlich sechs Könige loszogen. Und Dorothea ging vor ihnen her und trug einen leuchtenden Stern an einem langen Stock.

Markus hat die Sternsinger immer sehr freudig erwartet und seine Eltern ermuntert, nur »große Scheine« zu spenden. Als aber die sechs Könige daherkamen, da passte das dem Markus überhaupt nicht. Er stellte traurig fest: »Das sind sechs Dreikönige, und sie haben nur einen einzigen Stern!«

Von diesem Tag an wünschte sich Markus sehnlichst einen Stern auf einem langen Stock. Er wünschte sich den Stern so lange, bis endlich Onkel Willi ihm einen Stern bastelte und an einem Stock befestigte. »So!«, sagte Markus kurz vor dem 6. Januar entschlossen. »Jetzt gehe ich mit den sechs Dreikönigen!«

Markus war fest davon überzeugt, dass immer drei Könige auch einen Stern brauchen. Also mussten zwei Mal drei Könige auch zwei Sterne haben.

Zuerst lachte die Gruppenleiterin, als sie hörte, dass Markus als zweiter Stern mitgehen wollte. Aber weil auch die anderen jungen Leute die Idee sehr lustig fanden, waren sich alle einig: Markus sollte am Dreikönigstag als zweiter Stern mitgehen dürfen. Markus probte schon wochenlang zu Hause.

Und wirklich, am 6. Januar ging er in einem langen Gewand mit seinem Stern vor den Königen her. Alle, die den Königen und ihren zwei Sternen begegneten, freuten sich. Und der Gesang der sechs Könige und der beiden Sterne vor den Haustüren war natürlich auch viel kräftiger.

»So sollte es immer sein!«, sagte da manch einer.

Und als Markus abends erschöpft in sein Bett sank, strahlte er und flüsterte stolz: »Lieber Gott, ich habe es geschafft! Ich bin ein Stern!«

So ist Markus auch in diesem Jahr wieder viele Stunden mit seinem Stern unterwegs. Und viele Menschen freuen sich, wenn sie ihm begegnen.

Etwas sollte man zu dieser Geschichte noch sagen: Sie ist wirklich wahr. Markus ist geistig behindert. Als er zwölf Jahre alt wurde, ist er zum ersten Mal als Stern vor den Königen hergegangen. Und danach noch viele Jahre.

# Die Legende vom allerkleinsten Engel

Als die Engel und Heiligen im Himmel
immer trauriger wurden,
weil die Menschen
immer noch nicht begriffen,
warum Gott
seinen eigenen Sohn
zu ihnen geschickt hatte,
ja, sogar noch unmenschlicher
miteinander umgingen
als damals vor 2000 Jahren,
da hielt es der allerkleinste Engel
im Himmel
vor Traurigkeit nicht mehr aus
und machte sich selbst auf den Weg
zu den Menschen.

Und als der allerkleinste Engel
zurück in den Himmel kam,
tröstete er alle ein bisschen
und sagte:
»Alles ist so, wie ihr sagt!
Und es ist doch nicht so!
Da gibt es unter den Menschen
Kinder.

Und stellt euch vor:
Sie spielen
und singen
von Christi Geburt,
und ihre Augen leuchten,
und sie warten
und freuen sich auf Weihnachten.
Und ich fand
Gott
in den Augen der Kinder.«

Da strichen die Engel und Heiligen
im Himmel
dem allerkleinsten Engel
ganz zärtlich über sein Haar
und konnten wieder ein bisschen lächeln.

# Der Weihnachtsspatz

Als vor vielen Jahren Gott einen Engel zu Maria schickte, um ihr zu sagen, dass sie Gottes Sohn zur Welt bringen sollte, da saß zufällig ein kleiner Spatz auf der Fensterbank und hörte alles mit an. Weder Maria noch der Engel hatten den Spatz gesehen. Und so wäre er am liebsten gleich wieder unbemerkt davongeflogen. Als er aber hörte, dass der König des Himmels und der Erde bald geboren werden sollte, da schlug ihm sein kleines Spatzenherz bis hoch zum Hals hinauf, und er blieb stocksteif sitzen, bis der Engel davongeflogen war.

Zuerst konnte es der kleine Spatz kaum fassen, was er da gehört hatte. Dann aber wuchs in ihm die Freude so sehr, dass er davonflog und allen Menschen von der Botschaft des Engels erzählen wollte.

Er flog durch die Straßen der kleinen Stadt Nazaret. Er ließ sich auf dem Korb nieder, in dem die Marktfrau Körner für Mehl und Brot anbot. »Ich will dir ein wunderschönes Geheimnis verraten!«, tschilpte der Spatz froh und hüpfte aufgeregt von einem Bein auf das andere.

Doch die Marktfrau rief ärgerlich: »Die Spatzen werden auch immer zudringlicher!« So jagte sie ihn davon, ohne ihm zuzuhören.

Da flog der Spatz weiter zu den Lehrern und Ältesten, die im Schatten eines großen Baumes standen und viel nachdachten und noch mehr redeten. »Gott hat Großes vor!«, zwitscherte der Spatz und ließ sich auf einem Zweig ganz dicht über den Männern nieder. Doch die Lehrer und Ältesten blickten nur einmal kurz zu ihm hoch und beachteten ihn dann nicht weiter.

Da schüttelte der Spatz enttäuscht seinen Kopf und flog weit fort bis zur Hauptstadt des Landes. Er flog durch das große Fenster mitten in das Königsschloss hinein und ließ sich auf dem goldenen Thron direkt neben dem König nieder. »Gottes Sohn wird geboren!«, zwitscherte er überglücklich. »Und er wird der Herr des Himmels und der Erde sein!«

»Jagt diesen frechen Spatz fort!«, rief der König ärgerlich, der kein Wort von dem verstand, was der Spatz sagte. Da rannten die Diener und die Palastwachen hinter dem Spatz her. Ängstlich flog der Spatz davon. Er flog so lange weiter, bis er tief unter sich viele Kinder erblickte. Sie spielten miteinander und freuten sich über den frisch gefallenen Schnee.

»Die Kinder werden mich bestimmt verstehen!«, rief der Spatz und flog gleich zu ihnen hin.

Und wirklich! Kaum sahen die Kinder den kleinen Spatz, stellten sie sich ganz dicht um ihn herum und betrachteten ihn voller Freude.

»Ich will euch das schönste Geheimnis erzählen!«, zwitscherte der Spatz und legte sein Köpfchen ein wenig zur Seite.

»Wie hübsch er ist!«, riefen die Kinder und freuten sich, dass er zu ihnen geflogen war.

»Gott schickt seinen Sohn zur Welt!«, rief der kleine Spatz und gab sich die allergrößte Mühe, so deutlich wie möglich zu zwitschern.

»Hört nur, wie er tschilpt!«, riefen die Kinder. »Vielleicht will er uns etwas sagen!«

»Vielleicht hat er Hunger!«, meinte ein Mädchen und warf dem Spatz dicke Kuchenkrümel hin.

Doch der Spatz hatte keinen Hunger. Es war doch so wichtig, was er den Kindern sagen wollte. Ganz aufgeregt schlug er mit seinen Flügeln.

»Schade, dass wir dich nicht verstehen«, sagte ein Junge und wollte den Spatz ein bisschen streicheln.

Da merkte der Spatz, dass die Kinder ihn auch nicht verstehen konnten.

Er flog wieder davon und immer weiter in die Welt hinaus. Immer noch war er so voller Freude, dass er fast fürchtete, platzen zu müssen, wenn er sein Geheimnis nicht endlich mit anderen teilen konnte. Wie tat das weh, als er einsehen musste, dass ihn die Leute nicht verstanden und sich auch keine Mühe gaben, ihn zu verstehen. Viele jagten ihn einfach davon. Nicht einmal die Kinder konnten ihn verstehen.

So kam es, dass die Menschen, die Erwachsenen und die Kinder, nichts von dem erfuhren, was in Betlehem geschehen sollte. Deshalb war auch keiner damals, als Maria und Josef arm nach Betlehem kamen, bereit, ihnen eine Unterkunft zu geben. Nein, keiner wusste etwas davon, was in der Heiligen Nacht im Stall von Betlehem geschehen sollte.

Nur der kleine Spatz wusste Bescheid. So rief er schließlich alle anderen Spatzen zusammen und erzählte es ihnen. Wie freute sich der kleine Spatz, als ihm so viele zuhörten und er sah, wie sehr sie sich darüber freuten. Dann flogen die Spatzen davon und erzählten es den anderen Tieren weiter, was sie gehört hatten und was sie nun auch so froh machte.

Da wussten es bald alle Tiere. Die Eulen, die Raben und die Schwalben, die Schafe und die Ziegen, die Esel und auch der Ochse im Stall bei der Krippe. So breitete sich große Freude unter den Tieren aus, und alle warteten sehnsüchtig auf den Tag, an dem Gottes Sohn zur Welt kommen sollte.

Wie war der Esel froh, als er Maria mit dem Kind in ihrem Bauch von Nazaret nach Betlehem tragen durfte.

Wie dankbar war der Ochse, als endlich der kleine Jesus neben ihm in der Krippe lag.

Wie freuten sich die Schafe, als endlich auch die Hirten von den Engeln die Botschaft erfuhren.

Die Menschen liefen zum Stall mit der Krippe. Aber viele Tiere waren schon lange vor ihnen da und hatten Gottes Sohn längst begrüßt, bevor die Menschen zu ihm kamen.

Oben auf dem Dach des Stalles aber saß der kleine Spatz, der alles zuerst gehört hatte. Zusammen mit den anderen Spatzen saß er da und tschilpte und zwitscherte am allerlautesten. So sehr freute er sich.

So dürfen bis heute kleine Weihnachtsvögel auf dem Adventskranz oder mitten im Weihnachtsbaum sitzen. Manche sind aus Holz geschnitzt, andere aus Glas geblasen oder aus Ton geformt. Und wir freuen uns jedes Jahr wieder neu, wenn wir sie entdecken. Wir freuen uns mit ihnen.

# Das Märchen vom zerstreuten Weihnachtsmann

Ihr wisst ja, dass der Weihnachtsmann vor Weihnachten so viel zu tun haben soll, dass er oft kaum noch weiß, wie er die viele Arbeit schaffen kann. So wird erzählt, dass ihm die Zwerge dabei helfen und dass es ein ganzes Heer von Engeln und sonstigen Helfern gibt, die alle beim Aussuchen der Geschenke und Verpacken kräftig mithelfen.

Kein Wort ist davon wahr! Glaubt mir, der Weihnachtsmann steht ganz allein da. Nicht einmal die Weihnachtsfrau hilft ihm dabei. Die hat nämlich alle Hände voll zu tun, um die vielen Weihnachtsstollen und Weihnachtsplätzchen zu backen, die zu Weihnachten dazugehören und ohne die Kinder und Erwachsene anscheinend kein Weihnachten feiern können.

Nun gut, am letzten Tag vor Weihnachten hatte der Weihnachtsmann noch immer so viele Päckchen zu packen, dass er überhaupt nicht mehr durchkam. Er stöhnte laut vor sich hin und brummelte allerlei in seinen Bart. Man merkte ihm eben an, dass er ganz und gar unzufrieden war.

»Solange die Plätzchen im Backofen sind, kann ich dir ja ein bisschen helfen!«, meinte schließlich die Weihnachtsfrau, als sie sah, wie sich der Weihnachtsmann abplagte.

»Wer soll denn was bekommen?«, fragte sie. Und der Weihnachtsmann gab ihr eine der langen Listen, die er vor sich liegen hatte. Auf der Liste standen alle Namen der Kinder und Erwachsenen, die in diesem Jahr etwas vom Weihnachtsmann bekommen sollten. Und hinter den Namen war auch aufgeschrieben, was sie sich gewünscht hatten und was sie nun wirklich zu Weihnachten bekommen sollten.

»Aha!«, sagte die Weihnachtsfrau und begann die Geschenke zu sortieren und einzupacken. »Die Namen musst du aber noch selbst draufschreiben!«, meinte sie, als sie damit fertig war. »Alles liegt jetzt so nebeneinander, wie es auf der Liste aufgeschrieben ist! Du musst oben anfangen!«

»Alles klar!«, nickte der Weihnachtsmann und freute sich, dass wenigstens eine ganze Liste schon fertig war. Fast fertig! Er musste ja nur noch die Namensschildchen schreiben und auf die Päckchen kleben. Dann steckte er die Liste wieder zu den anderen und arbeitete emsig weiter. Das hätte er besser nicht tun sollen! Denn weil er die Liste einfach zu den anderen gesteckt hatte, wusste er nachher nicht mehr, welche Päckchen zu welchen Namen gehörten. Ja, noch nicht einmal, welche Liste nun von der Weihnachtsfrau bearbeitet worden war. »Ich bin wieder ein bisschen zerstreut!«, brummelte der Weihnachtsmann leise vor sich hin. »Aber es wird schon stimmen!«

Dann nahm er die Liste, die gerade obenauf vor ihm lag, holte sich einen Packen neuer Namensschilder, schrieb einen Namen nach dem anderen sorgfältig von der Liste ab und klebte alles nach und nach auf die Päckchen, die die Weihnachtsfrau gepackt hatte. Und weil er so zerstreut war, merkte er nicht einmal, welchen Fehler er machte.

So kam es, dass diese Weihnachten manch einer etwas bekam, was er sich niemals gewünscht hatte. Weil es aber nun ein Weihnachtsgeschenk war, traute sich

auch kaum einer, etwas zu sagen, gar zu meckern oder zu versuchen, alles umzutauschen. Schließlich hatte der Weihnachtsmann die Sachen gebracht. Und wenn man jetzt meckerte oder gar umzutauschen versuchte, dann konnte es passieren, dass der Weihnachtsmann sich darüber so ärgerte, dass es nächstes Jahr überhaupt nichts mehr gab. Es wusste ja kein Mensch, wie zerstreut der Weihnachtsmann in diesem Jahr gewesen war.

So freute sich der Ayan aus der Obdachlosensiedlung, dass er zu Weihnachten einen dicken Pullover und warme Stiefel bekam. Bisher war er nur in Turnschuhen herumgelaufen. Sie waren schon lange an der Sohle eingerissen.

Und Opa Schmückert im Altenheim, der so schwach war, dass er meist im Bett liegen musste, fand in seinem Weihnachtspäckchen den knallroten Discman, der eigentlich für die Uta aus der Bahnhofstraße bestimmt war. Dazu drei CDs und eine CD mit Weihnachtsliedern. Der Opa hatte gar nicht gewusst, dass es so etwas Praktisches wie einen Discman gab. Schwester Anne zeigte ihm, wie man ihn sich umhängte und die Kopfhörer aufsetzte. So lag Opa Schmückert mit den Kopfhörern auf den Ohren im Bett und hörte ein Märchen nach dem anderen und konnte nicht genug davon bekommen. Es waren die Märchen, die er damals gehört hatte, als er noch ein Kind gewesen war. Und viele Weihnachtslieder sang er so laut mit, dass er die anderen alten Männer im Zimmer damit ansteckte und sie alle schließlich laut mitsummten und mitbrummten.

Die Uta aus der Bahnhofstraße aber fand in ihrem Päckchen den schicken roten Hut, der eigentlich für die vornehme Frau Kuretzki bestimmt gewesen war. Und weil Uta sich so gern verkleidete, kam ihr dieser riesige rote Hut gerade recht. Während der Feiertage lief sie nur noch mit dem roten Hut herum und setzte ihn sogar beim Mittagessen nicht ab. Und zu Fastnacht wollte sie ihn ganz bestimmt auch tragen.

Frau Kuretzki fand in ihrem Päckchen eine große Tabakpfeife und fünf Päckchen ganz starken Tabak. Die Frau Kuretzki rauchte viele Zigaretten, aber als sie die Pfeife auspackte, da stampfte sie ganz ärgerlich mit dem Fuß auf. »Da hat mir einer einen ganz bösen Streich gespielt!«, sagte sie wütend.

Und sie ärgerte sich so sehr darüber, dass sie die Pfeife in den Mülleimer warf und ihre Zigaretten dazu, denn die wollte sie jetzt auch nicht mehr rauchen. »Da hat die Pfeife doch etwas Gutes bewirkt!«, lachte ihr Mann, der Herr Kuretzki. Aber das war lange nach Weihnachten, als seine Frau längst keine Zigaretten mehr rauchte. Und da konnte Frau Kuretzki auch darüber lachen und war überhaupt nicht mehr wütend und ärgerlich.

Der Knut in der Johannstraße bekam dieses Jahr zu Weihnachten ein paar Damenschuhe mit hohen Stöckelabsätzen. Die Dorothea fand ein Paar Boxhandschuhe in ihrem Päckchen. Onkel Heinrich bekam einen Staubsauger. Der gefiel ihm so gut, dass er von diesem Tag an immer seiner Frau, der Tante Adele, beim Staubsaugen half. Da freute sich die Tante Adele und war nicht böse, dass sie zu Weihnachten drei Kilo Pralinen bekam, obwohl sie eigentlich eine Schlankheitskur machen wollte, um abzunehmen.

Vielleicht hat auch jemand dieses Jahr geschimpft, als er sein Weihnachtspaket auspackte. Bestimmt nicht Annette, deren Vater seit drei Jahren arbeitslos ist und die ganz tolle Skier bekam. Oder die alte Frau Stauder, die mit ihrer kleinen Rente gerade so zurechtkam und nun in ihrem Weihnachtspaket einen neuen, warmen Mantel und einen großen Schinken fand. Das hätte sie sich niemals leisten können.

Keiner hat je erfahren, dass sie das alles dem zerstreuten Weihnachtsmann zu verdanken hatten. Ob wirklich einer über sein Weihnachtsgeschenk geschimpft hat? Ich weiß es nicht. Aber als der Mattis am ersten Weihnachstag seine Oma besuchte, stand bei ihr im Wohnzimmer ein Kettcar.

»Du hast mir doch zum Geburtstag erst ein Kettcar geschenkt!«, sagte Mattis. »Und der war erst vorigen Monat. Zwei Kettcars brauche ich nicht!«

»Du kriegst ja auch etwas ganz anderes!«, meinte die Oma. »Es ist dort in dem Paket. Mir hat der Weihnachtsmann dieses Jahr das neue Kettcar gebracht!«

»Das ist doch verrückt!«, sagte Mattis und fasste sich an den Kopf.

»Habe ich auch zuerst gedacht«, antwortete die Oma. »Aber dann habe ich es ausprobiert, noch am Heiligen Abend! Glaub mir, ich hätte nie gedacht, wie entspannend das ist. Außerdem ist es ein guter Sport für meine alten Beine!« Sie lachte Mattis zu. »Mach mal Platz, damit ich durch die Tür in den Flur fahren kann!«

Und dann stieg die Oma auf das gelbe Kettcar und fuhr los. Sie drehte drei Runden im Flur und parkte dann neben Mattis, der ihr mit offenem Mund zugesehen hatte. »Toll bist du!«, sagte er schließlich und half seiner Oma, wieder aus dem Kettcar herauszukommen.

»Ja, über den Weihnachtsmann kann man nur staunen!«, lachte die Oma und dachte doch tatsächlich daran, dass sie im Frühjahr vielleicht mit Mattis zusammen auf dem Grubenweg, der für Autos gesperrt ist, mit dem Kettcar üben wollte.

»Man ist niemals zu alt und selten zu jung für etwas«, meinte sie, »das hat auch der Weihnachtsmann gewusst!«

Und als Mattis das Paket auspackte, das ihm der Weihnachtsmann zu der Oma gebracht hatte, da fand er darin eine elektrische Kaffeemaschine.

Er packte das Paket aber ganz schnell wieder zu, denn er hörte jetzt auch seine Eltern mit seiner großen Schwester die Treppe heraufkommen. Da wollte er jetzt doch lieber mal abwarten, was die drei wohl in ihren Weihnachtspäckchen fanden, die ebenfalls gut verpackt auf Omas Wohnzimmertisch standen.

Omas neues Kettcar schob er erst einmal in die Ecke, sodass man es nicht auf den ersten Blick sehen konnte.

# Frau Overbecks Engel

Frau Overbeck deutete mit ausgestrecktem Zeigefinger auf den kleinen Engel, der ganz hinten auf der Bühne stand und sich jetzt hinter dem großen Vorhang mit dem leuchtenden Sternenhimmel verstecken wollte.

»Du! Komm einmal zu mir nach vorn!«, rief sie dem Engel zu und winkte ihn zu sich.

Seltsam, dass ihr das Kind noch nie bei den Proben zu dem Weihnachtsspiel in den letzten Wochen aufgefallen war.

Dem Umhang, den es trug, sah man wirklich nicht an, dass er wahrscheinlich nicht mehr als ein einfaches Betttuch war. Es ging ein blaues Leuchten von ihm aus, das über ein ganz zartes Grün wanderte und die Flügel in strahlendes Gold verwandelte.

Frau Overbeck hielt wirklich ein wenig die Luft an, als der Engel auf sie zuging. Ging er wirklich oder schwebte er? Sie konnte es nicht erkennen. Aber weil Kinder im dritten oder vierten Schuljahr niemals schweben, entschied sie sich dafür, dass er auf sie zuging.

»Kind, du hast ja weder Strümpfe noch Schuhe an!«, schimpfte sie ein wenig besorgt.

»Ich friere nicht!«, sagte der kleine Engel freundlich und blickte sie mit großen Augen an. »Ich habe nur ein wenig zugeguckt!«

Frau Overbeck nickte ihm lächelnd zu. »Sonst wärst du mir doch bestimmt schon früher aufgefallen! In welcher Klasse bist du denn?«, fragte sie. Doch als der kleine Engel nicht gleich antwortete, stellte sie gleich die nächste Frage: »Sag mal, bist du ein Junge oder ein Mädchen?«

»Ein Engel!«, sagte der kleine Engel und lächelte.

Weil es nun auf der Bühne doch ziemlich laut wurde – das ist immer so, wenn Lehrer einen Augenblick nicht aufpassen – wandte sie sich den Spielern wieder zu. »Die Maria muss auf die andere Seite!«, rief sie. »Und Josef, bewege dich ein bisschen vorsichtiger, damit du nicht die Krippe umwirfst! So, und nun die Hirten auf dem Feld!«

Als sich dann die Hirten mit den Schafen auf die Bühne legten, da sagte sie zu dem kleinen Engel, der die ganze Zeit über regungslos neben ihr gestanden und zugeschaut hatte: »Geh jetzt zu den anderen Engeln auf die Bühne!«

Und staunend sah sie, dass sich der Engel ganz behutsam vom Boden hob und in seinem leuchtenden Kleid auf die Bühne zuschwebte. Oder flog er etwa? Jedenfalls bewegte er ganz leicht beide Flügel. Das konnte Frau Overbeck deutlich erkennen. Sie wischte sich über die Augen. Nein, sie musste sich getäuscht haben, denn jetzt stand er genau wie die anderen Kinder, die im Spiel die Engel darstellten, vor den Hirten.

Als aber dann die Engel den Kanon »Ehre sei Gott« anstimmten, da meinte Frau Overbeck, dass sie nie im Leben etwas Schöneres gehört hatte. Auch die Kinder kamen links und rechts hinter dem Vorhang hervor und hörten andächtig zu. »Warum ist das Kind nicht bei mir im Chor?«, fragte sie sich immer wieder. Nach der Probe stürmten die Kinder gleich davon. Sie wollten noch nach Hause und später zusammen mit ihren Eltern zum Spiel wiederkommen.

Der kleine Engel war als Einziger übrig geblieben. Er stand ein wenig unschlüssig und verloren auf der großen Bühne.

Frau Overbeck legte ganz vorsichtig den Arm um ihn, sodass sie die Flügel nicht berührte, und blickte ihn dann mit glänzenden Augen an. »Das war wunderschön!«, sagte sie und nahm ihn an der Hand.

»Ich war noch nie in einem Krippenspiel!«, antwortete der kleine Engel.

»Aber Kind, du hast ja immer noch keine Schuhe an!«, rief die Lehrerin da erschrocken. »Wo hast du sie denn nur?«

»Ich brauche doch keine Schuhe!«, sagte der Engel leise und lächelte ihr zu.

»Spielst du denn heute Abend wieder mit?«, fragte Frau Overbeck nach einer langen Weile.

Der Engel zuckte mit den Flügeln. »Ich weiß noch nicht!«, sagte er. »Vielleicht werde ich dann woanders gebraucht!«

»Warum bist du heute gekommen?«, fragte die Lehrerin.

»Du hast doch gesagt, dass du dich gar nicht mehr richtig auf Weihnachten freuen kannst!«, meinte der kleine Engel. »Gestern noch und heute Morgen!«

Frau Overbeck nickte schweigend.

»Aber jetzt freust du dich doch?«, fragte der kleine Engel leise.

Er reichte ihr beide Hände, sodass es Frau Overbeck ganz warm wurde. So standen sie lange. Es wurde bereits dämmrig, und die ersten Sterne blinkten am Himmel.

»Öffnest du das Fenster?«, fragte der kleine Engel.

»Gern!«, sagte Frau Overbeck und schritt auf das Fenster zu. Der kleine Engel kam mit.

Als sie es dann geöffnet hatte, blickten beide zum Himmel mit den vielen Sternen hinauf. Sie schwiegen beide. Und als sie sich später dem kleinen Engel zuwenden wollte, war sie allein.

Sie seufzte leise und spürte plötzlich, dass sie sich auf heute Abend und auf Weihnachten richtig freuen konnte.

# Die Legende von dem Geschenk der drei Könige

Damals, als die drei Könige den Stern am Himmel erblickt hatten, der von der Geburt des Königs des Himmels und der Erde erzählte, da machten sie sich gleich auf, um zu ihm zu reisen und ihn anzubeten. Und weil sie diesem neugeborenen König große Ehre erweisen wollten, deshalb nahmen sie auch kostbare Geschenke für ihn mit. Der Weg war weit. Doch sie vertrauten dem Stern, der ihnen nachts deutlich zeigte, wohin sie gehen mussten.

So kamen sie endlich auch in Betlehem an und standen dann in dem Stall um die Krippe herum und mussten erkennen, dass Gottes Sohn, der König des Himmels und der Erde, hier im Stroh in einer Futterkrippe lag. Ein winziges Kind, um das sich Maria und Josef sorgten, und zu dem die Ärmsten der Armen gekommen waren, um es zu begrüßen und anzubeten. Umständlich packten die drei Könige die Geschenke aus, die sie dem Kind mitgebracht hatten: Gold, Weihrauch und Myrrhe. Aber als sie das kleine Kind in der Krippe anschauten, da wussten sie wohl, dass das Kind noch nichts, aber auch rein gar nichts damit anfangen konnte. Was soll schon ein Säugling mit Gold, Weihrauch oder Myrrhe anfangen?

Doch die Könige waren nicht nur klug und weise, sondern hörten auch auf das, was ihnen ihr Herz sagte. Wie hätten sie sonst auch den Stern am Himmel erkennen und deuten können? So luden sie ihre kostbaren Schätze in einem Winkel im Stall ab und beugten sich über die Krippe.

Der erste König strich dem Kind zart über den Kopf und sagte ihm, wie sehr sie sich alle freuten, dass nun der König des Himmels und der Erde hier vor ihnen lag.

Der zweite König hob das Kind aus seiner Krippe heraus, drückte es an sich und streichelte es ganz zart.

Der dritte König aber nahm es auf seinen Arm, schaukelte das Kind ganz leicht und behutsam hin und her und begann leise zu singen. Bald sangen auch die beiden anderen Könige mit. Und so sangen sie in dem Stall dem Kind ein Lied, das davon erzählte, wie sehr sich alle über dieses Kind freuten. Die Melodie und der Gesang der drei aber waren so schön, dass bald auch Maria und Josef und alle, die dabei waren, leise mitsangen. Und das Kind auf dem Arm des dritten Königs lächelte, weil es spürte, wie lieb sie es hatten.

So haben die drei Könige einst im Stall von Betlehem das erste Weihnachtslied gesungen. Das war ihr Geschenk, und es machte alle im Stall froh. Bis zum heutigen Tag singen wir Weihnachtslieder, weil wir uns genauso freuen wie die drei Könige damals.

# Inhalt

Die mit einem * gekennzeichneten Texte sind auf der CD »Wann fängt Weihnachten an?« erschienen (ISBN 3-7840-3316-4).